遊び心で
コミュニティーの
再生を

世代を超えて
子どもの発想に学ぶ地域づくり

小松 歩 編著

麻生 武・金田利子・瀧口 優
富田昌平・山路千華 著

新読書社

はじめに

(1) 子どもや子育て中の保護者をめぐる遊びの現状

　遊びは子どもの生活や育ちにとって重要な役割を持っている。しかし、子どもが育つ場、親が子育てをする場という視点で現代の地域社会をみると、さまざまな問題点がある。たとえば日中、安心して子どもが遊べる場は減少している。住宅街には公園があるものの、ケガの防止を目的に子どもにとって魅力的な遊具が減少しており、不審者を警戒し子どもだけで遊ばせることを心配する傾向がある。また子どもの声や遊び方に対する近所の苦情などへの対処として公園を使う時のルールが細かく決められ、子どもが自由に遊びにくくなっている。さらに保育所の新規建設に対する反対運動や、公共の場における子どもの声や泣き声、ベビーカーなどを「迷惑ごと」と捉える人など、子どもや子育て中の親に対する不寛容さも指摘され、子育てをする環境としてもけっしてよいとは言えない。

　加えて、2019年末から続くコロナ禍の影響で、市民の多くがこれまで「普通」とされていた日常生活の多くを大幅に制限された形で送っており、その影響はとくに子どもに大きく影を落としている。福岡県太宰府市の小学6年生三小田陽さんは、西日本新聞への投書（2020）で「2カ月半以上続いた休校での勉強の遅れを取り戻すために、授業時間を短縮して授業の数を増やすことや行事の削減、また夏休みの短縮」が決まったことにふれ、「子どもの時にしかできないことがたくさんあります。勉強も大切なことだと思いますが、友達と遊んだり、ケンカして仲直りしたりして学ぶことも大切だと思います。このまま詰め込むしかないのでしょうか。本当に他にできることはないのでしょうか。大人に僕たち子どもの気持ちや意見を聴いてもらいたいと強く思います」と提起している。真に子どもの視点に立った問題の把握と解決が急務である。

3

(2) 子どもの権利条約に基づく取り組み

　増山・齋藤（2012）は、「子どもの生活の実際は『よく学べよく学べ』が強いられていたり、『よく学ぶために遊びを取り入れる』ことになっていたり、『遊び』の本当の値打ちが理解され大切にされているとは言え」ず、「一見無駄に見える『ゆとり』や『遊び』がいかに重要なものか、子どもにとって文化的生活、芸術がいかに大切かを、〈子どもの権利〉の問題として再確認しなおす」（p.185）ことの重要性を早くから指摘し、子どもの権利条約第31条と子どもの文化権（①休息・余暇の権利、②遊び・レクリエーションの権利、③文化的生活・芸術への参加の権利を総合したとらえ方）の理解を広め、具体化を目指した活動を継続している。

　仙田（2018）は、「現代は物、情報にあふれているが、こどもにとってきわめて困難な時代」となっており、「その多くの責任は私たち大人にある」として「すべてのこどもが幸せなこども時代を過ごすためにはどうすればいいか」を考えている。そして「こどもの問題は、基本的に理論や政策もあるが、親、国民自身が理解し、習慣化しなければ改善できない」として、子どもの生育環境をよりよくするために「こども第一運動」の推進を提唱している。

> こども第一運動　　こどもは未来　七つの提案
> こどもは私たちの未来です。未来はこどもたちがつくります。つまり、私たちの未来は元気なこどもによってつくられます。私たちは国民運動として「こども第一運動」を推進します。
> 1．こどもの体験　2．こどもの健康　　3．こどもの参画　　　4．こどもの権利
> 5．こどもへの愛　6．こどもへの投資　7．こどものための政策

　こうした視点から見てみると、呼応するかのように多様な活動が展開している。

　子どもの意見をもとに「公園でボール遊び事業」を継続実施する自治体（船橋市）や、地域住民の話し合いにより、希望に即した公園使用ルールを決められるよう「公園でのルール作りのガイドライン」を作成した自治体（川崎市）もある。また「自分の責任で自由に遊ぶをモットーに、子どもたちの好奇心を

大切にして、自由にやりたいことができる遊び場を作ろう」という保護者の自主的な運動をもとに、1979年に日本初の「冒険遊び場（プレーパーク）」が羽根木公園に開設されて以降、屋外での自由な「遊び」を通して得られるさまざまな体験や交流によって、子どもたちに自主性や主体性、社会性やコミュニケーション能力を育んでもらいたいとの願いから、プレーパークの取り組みも全国各地に広がっている。さらに近年では「プレーバス」などを使い、被災地や都心など子どもの遊ぶ環境が必要とされる地域に遊びを出前し、遊び場のない町の中で遊びを拡げようとする取り組みも広がりつつある。

　TOKYO PLAY は、「子どもが健やかで幸せに暮らしていくことができる社会を目指し」、「立場を超えて、様々な人たちが積極的なアクションを起こせるよう、遊びの空間づくりやキャンペーン、政策提言」などの事業を行っている。その1つとして2016年から「とうきょうご近所みちあそび project」を展開し、都内を中心に計22回開催している（2019年4月〜9月は9回）。このプロジェクトは、「くらしに身近な道での遊びなど、みんなが楽しめる取り組みを通して、大人と子どもが共存する豊かな地域をつくる」こと、「そこに暮らす人たちの「多世代交流」や「子育て・子育ち」のための空間としての「道」を「東京じゅうに広げていく」ことを目的としており、商店街や地域で子どもの遊び場・居場所づくりを考える人たちと協同して実施しているのが特徴である。取り組む中で、地域の大人が見守ったり参加したり姿が広がるなど、よい変化が生まれているようである（TOKYO PLAY）。

　白梅学園大学・短期大学では、地域の「絆づくり」「顔の見えるネットワークづくり」を目指して「小平西地区地域ネットワーク」を組織した（2012年）。ここに関わる大人が中心となって始まったコミュニティカフェや無料学習会などの取り組みは現在も継続している。この他、プレーパークの関係者が「遊び場」としてのプレーパークだけでなく「こども食堂」など地域居場所づくりをする取り組みも広がりつつある（風鈴荘、豊島子ども WAKUWAKU ネットワーク）。風鈴荘は「子どもが育つためには地域の大人が関係をつくることが大切。居場所をつくって遊びの意義も共有したい！」「子どもを中心に地域の多世代が繋

がりを持つことで、子どもをみんなで見守ってみんなで育てていく拠点となる場所をつくりたい」との願いから、地域の多世代が集い、みんなが気軽に立ち寄れる居場所づくりをめざしている。また豊島子どもWAKUWAKUネットワークは、「地域を変える 子どもが変わる 未来を変える」として、地域の子どもを、地域が見守り、学びや暮らしを有機的に支えるネットワークをつくり、子どもの未来を明るく変えていきたいとの願いをもち、さまざまなカタチの居場所を通じて、信頼できるおとなや若者につながったとき、一人の子どもの人生が大きく変わる可能性があると指摘している。

　一方、幼児教育・保育の分野では、「乳幼児期にふさわしい体験が得られるように、生活や遊びを通して総合的に保育すること」(保育所保育指針)、「幼児の自発的な活動としての遊びは，心身の調和のとれた発達の基礎を培う重要な学習であることを考慮して，遊びを通しての指導を中心として第2章に示すねらいが総合的に達成されるようにすること」(幼稚園教育要領) と示され、実際に保育所、幼稚園や障がい児の保育・療育の現場では「遊び」を通した実践が行われている。しかし実践内容を見ると、保育者が「遊び」をどう理解するかによって多様な状況があり、「よく学ぶために遊びを取り入れる」ことになっていることも多く、「遊び」の本当の値打ちが理解され大切にされているかどうかは、保育の現場についても問われている。

(3) 研究経過と本書の目的

　筆者らは、白梅学園大学・短期大学が2009年度より取り組んだ「遊びと学びのコラボレーションによる地域交流活性化システムづくりに関する研究−大学附属幼稚園を拠点として−」(文部科学省「私立大学戦略的研究基盤形成支援事業」)で、5つあるプロジェクトの一つである「生涯遊び心プロジェクト」で研究を継続してきた。

　金田 (2010) は、研究発足当初の研究構想と計画のなかで、研究の意義について次のように述べている。少し長くなるが引用する。

　現在、日本の地域社会は不安定な状況を迎え、急速に孤立化が進んでいる。一方で、近年の国民生活選好度調査では「家族、地域、職場の人のつながりは、精神的な安らぎをもたらす」ことが認識され、地域におけるコミュニティの確立が求められている。そして、地域にひらかれた大学が必要とされ、いくつかの実践的研究も始まっている。しかし、人間の内的な変化を計測することは困難であり、共通理解の方法も確立されていない。そのため地域連携の手法が点在し、有機的に結びついていないのが実情である。

　そこで、本学の附属幼稚園に「地域交流研究センター」を設立し、地域交流の拠点を形成する。本学の特色は、保幼小の教員養成校であるとともに、発達臨床、家族支援など、生涯発達をテーマにしてきたことである。この特色をいかし、5つのテーマを設定する。

　5つの視点で実態調査と実践研究を統合する。人間が、生涯、人間らしく生きていくために、地域に根ざしつつ生涯発達の拠点になり得るための基礎研究として、科学的な検証をおこなう。これが、本研究の学術的な特色であり、実践化と統合化が往復する研究拠点を形成するものである。

　また、「遊び」は、結果として学びにつながり、「学び」は、あらたな遊びの質を高めていく。幼児教育におけるこのコラボレーションのはじまりとして、「遊び心」を焦点に、交流の質的変化を測定し、地域力の向上を客観的に示す指標の研究方法を明らかにする。遊びを「遊び＝自我の揺れ動き」と定義し、交流のプロセスや、地域連携の広がりを測定する。ともすれば、遊びはゆとりや余暇と解釈されるが、自我の揺れ動きとしての「playfulness」の視点に立てば、生涯における発達の基礎となりうるものである。この「遊び心」を形成し「学び」につながる環境を、発達環境と位置づけ、発達環境が豊かな地域社会の確立に役立つことを検証する。

　そして本研究の意義は、循環型の地域交流システムづくりを行うことである。附属幼稚園を拠点とした地域交流により、大学生、園児、保護者、卒園児など、その家族を通じた、つながりや「遊び心」が育ち、地域コーディネーターとして地域に根付いていくことが期待できる。「地域交流センター」が、循環型の

地域交流システムづくりの基盤となる。

　筆者らが担当してきたのは、このプロジェクトのなかの「生涯遊び心の形成による内面的地域活性化に関する研究」である。筆者らは「遊び心」とは子ども時代にはほとんどすべての子どもが持っている「子ども心」そのものであり、大人が遊び心を持っていれば、子どもが大人に理解され、双方の交流が可能になり、街中がこうした遊び心で満たされたとき、子どもも育ちやすくなると考えた。そして「遊びは人間にとって大切な動機であり、子ども期だけでなく生涯遊び心を持ち続けることで人生が豊かになるのではないか」との仮説から、大人も子どもも生きにくくなっている現代において、子どもの心を大人に回復させ、子育てや生活を「おもしろがる」という「遊び心」で地域のつながりを再構築することができるのではないかと考えた。

　実際に子どもの遊び環境を改善しようとする取り組みの多くは、保育者をはじめ、プレーパークで世話人を担う地域住民やプレーリーダーなど、子どもに関心を寄せている大人が重要な役割をもっている。そして子どもや子育て中の保護者に対して、どのようなかかわり方や見方をするかは大人によって違いがみられ、それは幼児期の「遊び」の重要性をどのようにとらえているかが関係していると思われることから、大人の遊び観・遊び心について検討することを目的に研究を行ってきた。

　本書は、Ⅳ部構成とし、第Ⅰ部では筆者らがこれまで行ってきた研究を踏まえ地域社会の再構成を目指すために必要と考えられることを提言としてまとめた。

　第1章では、保育の分野において、大人の遊び心はどのようにとらえられてきたか、先行研究をもとに概念の整理を試みた。

　第2章は、遊びの発達的意味を整理し、世代を超えた遊びの意義について述べている。

　第3章では、保育者の「遊び心」について、実践をもとに検討している。

　第4章では、調査研究をもとに、東京都下の保護者の遊び心について述べて

いる。

　第Ⅱ部は総括編として、遊びや遊び心について諸研究を行っている麻生氏、富田氏に我々の研究についての総括と寄稿をお願いした。両氏とも大変貴重な意見を寄せて下さっている。

　第Ⅲ部では、これまで筆者らが行ってきた研究成果（報告書や学会発表の内容）をまとめた。Ⅰ部の内容をより深く理解していただくためには、Ⅲ部の内容を是非お読みいただきたい。

　第Ⅳは資料編として東京・小平市、栃木・小山市での調査・資料・遊び・遊び心研究に関する書籍等の一覧を掲載した。

　本書の提言全体を通して「遊び心」が保育者や保護者の自己発見につながり、よりよい保育実践や子育てにつなぐことができるのではないかと考える。また何よりも「子どもを第一に考える大人」が地域に増えることが重要であり、子どもの成長や発達にとっての遊び心の意味について少しでも論を進められたらと思う。

文献

金田利子（2010）遊びと学びのコラボレーションによる地域交流活性化システムづくりに関する研究—大学附属幼稚園を拠点として—、白梅学園大学 短期大学教育・福祉研究センター研究年報、No.15、pp.76－77.

厚生労働省（2018）保育所保育指針

増山均・齋藤忠夫（2012）うばわないで！子ども時代　気晴らし・遊び・文化の権利（子どもの権利条約第31条）新日本出版社 p.185

文部科学省（2017）幼稚園教育要領

三小田 陽　おとなに聴いてほしい　こども投稿欄「ひまわり」　おとなに聞いてほしい、2020年7月3日　西日本新聞 https://www.nishinippon.co.jp/item/n/622784/　2020.12.1 閲覧

仙田　満（2018）こどもを育む環境 蝕む環境　朝日新聞出版

遊び心でコミュニティーの再生を
世代を超えて子どもの発想に学ぶ地域づくり

目次

I部

世代を超えて
子どもの発想に学ぶ
地域づくり

第1章

人間にとっての遊び・遊び心とは何か
－大人の遊び心研究に着目して－

小松　歩

はじめに

　筆者らは、白梅学園大学・短期大学が2009年度より取り組んだ「遊びと学びのコラボレーションによる地域交流活性化システムづくりに関する研究－大学附属幼稚園を拠点として－」（文部科学省「私立大学戦略的研究基盤形成支援事業」）で、5つあるプロジェクトの1つである「生涯遊び心プロジェクト」で研究を継続してきた。この研究のテーマは「生涯遊び心の形成による内面的地域活性化に関する研究」であり、筆者らは①「遊び心」とは子ども時代にほとんどすべての子どもが持っている「子ども心」そのものであり、大人が遊び心を持っていれば、子どもが大人に理解され、双方の交流が可能になり、街中がこうした遊び心で満たされたとき、子どもも育ちやすくなる。②遊び心は人間にとって大切な動機であり、子ども期だけでなく生涯遊び心を持ち続けることで人間が豊かに発達するのではないかとの仮説を立て、大人も子どもも生きにくくなっている現代において、子どもの心を大人に回復させ、子育てや生活を「おもしろがる」という「遊び心」で地域のつながりを再構築することができるのではないかと考え研究を行ってきた。

　現在、子どもの育つ環境に問題意識を持ち、その環境を改善しようとする取り組みが数多くなされている。そこでは保育者をはじめ、プレーパークで世話人を担う地域住民やプレーリーダーなど、子どもに関心を寄せている大人が重要な役割を担っている。筆者らは保育者・保護者を対象に「遊びの本質の理解」（遊び観）、「社会的常識に馴染まないように見える遊び場面に遭遇したときの対応」（遊び心）について質問紙調査を行った結果、子どもの遊び場面を暖かく見守り、子どもの発想や創造性を大事にしたいと思う一方で、周囲を意識し

15

て子どもの心に寄り添えないこともあるなど、かかわる大人の「遊び観」「遊び心」によって対応が異なることが示唆され（瀧口ら、2019、詳細は第9章参照）、実際に子どもの遊びをどうとらえるか、子どもと遊び心をもって関わることができるかどうかが重要であると考える。

　遊び心は辞書では次のように定義される。広辞苑第7版では「音楽を好む心」「遊びたい気持ち、遊び半分の気持ち」、三省堂新国語事典第6版では「ゆとりからくるしゃれっけ」「なかば遊びのつもりの軽い気持ち」、新明解国語辞典第7版では「仕事や生活の中に、実用的な目的を離れて、それ自体を楽しむ要素を取り込もうとする精神的なゆとり」とある。

　本稿ではあらためて遊び心に関する研究を概観し、「遊び心」は「子どもの心」そのものとの仮説が適切かどうかを検証するとともに「大人の遊び心」をどのようにとらえたらよいかを検討する。

1．保育・子育てと遊び心に関する研究

　国立国会図書館サーチ（NDL Search）を使用しキーワード遊び心で検索すると1143件（2019年8月20日現在）、また国立情報学研究所の文献検索サイト（CiNii Articles）を使用して検索すると435件（2019年12月20現在）を検出するが、その多くは、経済や経営、住宅、環境、文化などに関する論文・記事である。遊び心・保育をキーワードにして検索すると NDL Seach では34件（そのうちで保育や子育てについて言及したものは9件）、CiNii Articles で検索すると5件を検出した。得られた39件のうち、遊び心、保育、子育てのいずれかについて言及されている12件を検討対象とした。

　乳幼児期の遊びの重要性に関する研究や遊び論、遊びの実践に関しては多くの研究があるが、遊び心については非常に限られており、特に大人の遊び心や子育て、保育に関して言及している文献は少ないことがわかった。

　今回分析対象とした各研究において、遊びおよび遊び心についてのどのようにとらえているかを表1にまとめた。これらを検討すると、遊び心のとらえ方

は研究者により異なることがわかった。そこで、以下では、①「遊び」および「遊び心」について、②大人・保育者の遊び心について研究を概観し、遊び心についてどのように考えられているか、とくに大人の遊び心について整理する。

表1　各研究における遊び心のとらえ方

発表者 発表年	研究の概要と遊びの定義	遊び心の定義
玉置 (1994)	・保育にとって遊びが重要であるとしたうえで、保育計画を作成する際や遊びに保育者が関わっていく際、遊びの概念規定が必要であるとの問題意識から、遊びの精神（遊び心）を検討した。	・遊び心を遊びの内容的規定ととらえ、子どもの遊び心として4つの要素を挙げた。 ①「戯れる」（面白さを追求するために身体やしぐさや言葉などで虚構それ自体を作り出す活動） ②「娯（たの）しむ」（他人から見ればまったく無駄というように見える活動を熱心に、しかも、繰り返しやっているような遊び） ③「装う」（ふりをする遊び） ④「冒（ため）す」（人から言われた課題をこなすことではなく、自分で恣意的、意図的に課題を作ってそれに挑んでいくこと）
中野 (1995)	・心理学的遊びの研究目的は、遊びが「発達のため」にどう役立つかを明らかにすることとされてきた。また大人の道徳的価値観を子どもに押しつけて、その枠の中だけで遊びを見てきた（遊びを良い遊びと悪い遊びに区別し、良い遊びのみが研究されてきた）と指摘し、遊びをとらえ直しを目的とした。 ・ふざけ、冗談、からかい、いたずらなども遊びの内面的特徴である。	・遊び手の心情を直感的に言い表す言葉で、「面白さ・ユーモアに加えてゆとり、しゃれっけ・茶目っ気、無邪気さをふくんでいる。 ・ふざけ、冗談、からかい、いたずらなどは、遊び心に満ちた行為であり、従来の遊び研究では見過ごされてきた遊びの内面的特徴を示している。 ①これらの行為は「意地悪、攻撃などの悪意ある行為としても用いられる〈二面性〉をもつ ②相手との〈相互的楽しさ〉を追求し合うやりとり」であり、その過程で「偶然の出来事、意外性が両者の楽しさを増大させる可変的な文脈からなっている」 ③そのやりとりは親しい間柄（冗談の通じる関係）ほど認められる」 ④その行為が遊び心に根ざしたものであることを相手に伝え合うサインを解読し合えるメタ・コミュニケーションが成立しなければならない。 ・遊びの行動主義（"ため"の遊び論）から遊び心へという「内的状態」へと視点を転換することで「子どもから大人までを含めた遊び全体の姿が見えてくる」と指摘している。

山下 （2019）	保育現場における子どもの環境への関わりを分析し、子どもが遊び心をもって人や物とかかわり、楽しさを生み出す姿を検討している	・遊び心を、楽しむことに向かう心の柔軟なありようだととらえた。 ・遊び心は、"無駄なこと"を排除し、より効率よく業務をこなすことに重きが置かれる価値観のもとでは、むしろ不要なものとされると考えられ、実用性の観点からみると不可欠なものとは言えないが、子どもたちの日常生活をみると、人や物との関わりにおいて、遊び心をもって関わり、楽しさを生み出す姿が少なくない。
富田 （2019a）	「保育のマニュアル化」や保育ニーズの増加・多様化、保育者の多忙化、「遊びは学び」論の高まりなどを背景に、保育現場の遊びが変容しての問題意識から、「遊び心」を研究することの重要性を指摘。 ・遊びは本来、枠に収まらない、日常から逸脱した性質を併せもつもの。枠に収まらない遊び、あるいは自ら枠を作り出していく遊びこそが、豊かな創造性や他者の多様性に対する寛容さや困難な現実を楽しみながら乗り越えていく力を養うもとになる。	・遊び心のある保育実践を考えていく上では「ほどよく笑えて驚きや怖さもあくまでも安心・安全を前提とした」うえで、保育者の「自らの遊びたがる気持ちに相手をほどよくノセること」が大切。 ・遊び心をいかにして研究するかは、大人が子どもをどのようなまなざしで見るか、そして、子ども時代に培ったはずの遊び心を、大人になった今、どれだけ開放できるかにかかっている。
田丸 （2000）	その活動がどんな力を伸ばすのかという視点とともに、「遊んで遊んで心動かして楽しむ経験」は子どもに何を育てるのかという視点も重要。	・場面にふさわしい行動がとれているかどうかという視点で子どもを評価するだけでなく、主人公としてどう生きているかという視点で評価すべきで、そのためには「子どもの生活全体をみることが不可欠。 ・その場の子どもの行動（その結果）を、活動のねらいとつきあわせて評価することは、子どもを外側から解釈したり、遊びの発達の枠組に子どもをあてはめて解釈することにつながる恐れがあることから、指導者であると同時に遊び相手でもあるところから子どもを見る目とは、子どものおもしろがるものは何だろうと心をよせ、子どもの感情の揺れ動きを見ることで、子どもの内面に迫る視点が重要。

野口 (2003)	ホイジンガ、アンリオ、ルソーらの文献を検討し遊びの特徴を6つにまとめた。①自由で自発的な活動、②面白さ、楽しさ、喜びを追求する活動、③遊びにおいては、その行動自体が目的である、④その活動への遊び手の積極的な関わり、⑤他の日常性から分離され、隔絶された行動、⑥他の非遊び的行動に対して、一定の系統的な関係を持つ。	・遊びの行動的特徴を持っていたとしても、行動する者の心的状態により決まる。Lieberman（1980）が「遊びの質」として遊び方に現れる特徴をプレイフルネスを挙げているが、その構成成分①ユーモア感、②あらわな喜び、③自発性は、遊び心に通ずる。 ・精神的な遊びに通じる、楽しさ、リラックス、ユーモア感、喜び、自発性を遊び心とし、遊び心をもてことにあたることにより、自由に創造的になることができ、自己発見につながる。遊びは心身を解放するが、遊び心は心を解放するという。 ・さらに箱庭療法を用いた自閉症児、知的障害児の事例検討から、心理療法は遊び心を引き出す療法と考えられる。
赤木 (2019)	障害のある子どもの遊びの現状と課題を検討した。障害児にとっての遊びは①障害児の能力・スキル向上の手段として位置づけようとする立場と、②障害児が遊びに没頭できることを重視する立場（遊びそのものを通して、障害児の生活を豊かにしようとする立場）に大きく分けることができ、これまで見過ごされてきた視点として「大人（実践者や保護者）が障害児と遊んでいるか？」があり、「大人が遊ぶ」という視点について検討した。	・大人が障害児と遊ぶためには、「大人の遊び観を転換・拡張させていくことが重要になる」とし、実践例をもとに3つの視点を提起。 ①「適切な」遊びからの転換 - 自分の「まとも」をいったん外す：私たちの「適切さ」の狭さや「適切さ」にしばられていることを自覚し、かつ「不適切さ」と感じてしまう行動の中にある子どもの楽しさの芽を丁寧に見ていく ②「一緒主義」遊びからの転換 -「ちがいながらつながる」遊びへ：「みんな一緒に同じ遊びをする」のではなく「それぞれが好きな遊びをしつつ、その中でつながっていく」という意味での「みんなと遊ぶ」こと。「ちがいながらつながる」遊びとも言え、このような遊びは、子ども一人では感じ取れなかった深く学べることにもつながっていく。 ③「できるようになる」遊びからの転換 -「できなくても好き」な遊びを創造すること
麻生 (2001、 2007)	遊びに対する研究を概観するとともに、人間と他の哺乳類の子育てを比較する中で「遊び心」のルーツについて述べている。	・哺乳類の子どもは、大人の「遊び心」をくすぐり、それを誘い出す存在。子どもと関わるとき、幼児を慈しむ心が「遊び心」の原点。 ・子どもが面白がってやっている行為を、大人が慈しむ心（遊び心）をもって、肯定的にみていることが子どもの遊びを育成し、その子どもが大人になったとき、また次の世代の子どもの遊びを育てる力になる。

音田ら (2013, 2015)	保育者が「遊び」の本質をどのようにとらえているか（遊び観）に着目し、養成校の学生と保育者を対象に調査研究を行った。	①養成校の学生も保育者も「何かを育てるための手段」として遊びをとらえる傾向がある。 ②遊びに関する授業を受けた経験のある学生や保育経験の多い保育者は「おもしろいからするもの」という遊びの本質を示す回答が増える こうした違いが生ずる理由について、保育者自身の子ども期の遊び経験の豊かさの違いと養成課程の違いから考察している（2015）。
浜田ら (2017)	子どもが遊びを豊かに展開できるように指導・援助できるかが保育者の専門性の一つとし、「遊び心」と保育者の専門性の関係について明らかにすること、どのようにして「遊び心」を養成できるかを明らかにすることを目的に、「遊び」と「遊び心」について概念整理を行った。	・「遊び心」を「自我の揺れ動き」ととらえ、河崎（1983）の「遊び心をつかんだ」指導や援助の在り方として「子どもの行動に現れる達成と逸脱、成功と失敗、拘束と自由との間の揺れ動きを保障し認め共感するという大人の立場を確固として守ることが不可欠」であり、子どもの「遊び心を揺さぶり共鳴させるために」、保育者自身が「一歩進んだ遊び仲間」として遊びを直接指導することが重要である。 ・「子どもの遊び心＝一方では達成、成功、拘束へ向かう際の緊張感と、他方では逸脱、失敗、自由をおおらかに受け止める解放感との揺れ動きそのものを引き出し、子ども立ちの間でそれを共鳴させ対立させながら発展させていくことである。そのためには何よりも、保育者は子どもと遊ばなければならない」と指摘。

2．遊びと遊び心のとらえ方

(1) 遊び研究における遊び心

　玉置（1994）は、保育計画を作成する際や遊びに保育者が関わっていく際、遊びの概念規定が必要であるとの問題意識から「遊びの精神（遊び心）」を検討している。遊びにおける子どもの遊び心を「戯れる」、「娯（たの）しむ」、「装う」、「冒（ため）す」という四つの活動であるとし、とくに「娯（たの）しむ」を「他人から見ればまったく無駄というように見える活動を熱心に、しかも、繰り返しやっているような遊び」ととらえている。また「保育者のもっている遊びの基準は随分異なる」ことから「大人の遊び観を問うことで遊び概念を実

証」することも重要だと指摘している。さらに玉置は「遊び心が一杯であるとはどのような状況を指すのか」（p.232）を客観的に測定することが必要と考え、Playfulness の研究も踏まえて新しい子どもの行動調査票を提案している（Cosby ら、1994）が、大人の遊び心については明確に述べられてはいない。

　中野（1995）は従来の遊び研究を批判的に検討するなかで、遊び心について触れている。まず「遊びは、子どものよりよい心身の発達を促すと信じられ、それを実証する無数の遊び研究がなされ」てきたとしつつ、子どもの遊びは「科学的研究の対象であるよりもイデオロギーの対象として、歴史的な社会文化的対象として価値づけられ『理想論化』され」、心理学的遊びの研究目的は、遊びが「発達のため」にどう役立つかを明らかにすることとされた（p.11）という。また「大人の道徳的価値観を子どもに押しつけて、その枠の中だけで遊びを見てきた」（p.12）のではないかと指摘し、遊びとは本来よいものも悪いものもすべてを含めた現象の全般を指しており、そこに目を向ける必要があると指摘している（p.13）。

　また遊び心という言葉は、遊び手の心情を直感的に言い表す言葉で、面白さ・ユーモアに加えてゆとり、しゃれっけ・茶目っ気、無邪気さをふくんでいるとし、してはいけない遊びとされてきた、ふざけ、冗談、からかい、いたずらなどは、この遊び心に満ちた行為であり、以下のような「従来の遊び研究では見過ごされてきた遊びの内面的特徴」を示しているとした。①これらの行為は遊びとしてだけでなく、「意地悪、攻撃などの悪意ある行為としても用いられうる〈二面性〉をもつ」こと、②相手との〈相互的楽しさ〉を追求し合うやりとり」であり、その過程で「偶然の出来事、意外性が両者の楽しさを増大させる可変的な文脈からなっている」こと、③そのやりとりは親しい間柄（冗談の通じる関係）ほど認められる」こと、④その行為が遊び心に根ざしたものであることを相手に伝え合うサインを解読し合えるメタ・コミュニケーションが成立しなければならないことを挙げている（p.13）。そして、遊びの行動主義（“ため”の遊び論）から遊び心へという「内的状態」へと視点を転換することで、「子どもから大人までを含めた遊び全体の姿が見えてくる」（p.16）と指摘し、遊び

の内面的特徴を理解することの重要性を強調した。

　富田（2019a）は、「保育のマニュアル化」や保育ニーズの増加・多様化、保育者の多忙化、「遊びは学び」論の高まりなどを背景に、保育現場の遊びが変容しているという。そして「遊びとは本来、枠に収まらない、日常から逸脱した性質を併せもつもの」であり、「枠に収まらない遊び、あるいは自ら枠を作り出していく遊び」こそが、「豊かな創造性や他者の多様性に対する寛容さや困難な現実を楽しみながら乗り越えていく力を養うもとになる」とし、あらためて「遊び心」を研究することの重要性を指摘している（p.75）。

　遊び心のある保育実践を考えていく上では「ほどよく笑えて驚きや怖さもあくまでも安心・安全を前提とした（p.75）」うえで、保育者の「自らの遊びたがる気持ちに相手をほどよくノセること」が大切（p.76）だとした。

　たとえば、大人は我が子に対して「どこの子？知らん子やぁ」など、くだらない嘘をつくことがあるが、それは大人が子どもと遊びたがっているからであり、「自分のくだらない嘘に対して、子どもがいったいどんな反応を示すのか、ドキドキワクワクしながらそのこと自体を楽しむとともに、それをきっかけとして子どもとくだらなくも楽しいやりとりを繰り広げたい」と思っているからだという。

　さらに「遊び心をいかにして研究するか」は「大人が子どもをどのようなまなざしで見るか、そして、子ども時代に培ったはずの遊び心を、大人になった今、どれだけ開放できるかにかかっている」とし、「子どもをゆったりとおおらかなまなざしで見てみると、そこには子どもとともに在る、不思議で愉快な世界が広がって」おり、「その不思議さや愉快さに身も心もゆだねると、おのずと遊び心も開放されてくる（p.82）」と指摘している。

（2）実践の場における遊び心

　山下（2019）は、子どもが遊び心をもって人や物とかかわり、楽しさを生み出す姿を検討している。具体的には、片付け場面で、ある子どもが壁のフックにかけてあったごっこ遊び用のフライパンとお玉を手に取り、周囲の子に向

かって「太鼓にするよ」と声をかけ、お玉でフライパンをたたき始めると、気づいた他児もまねをし、「カンカンカン」と大きな音が保育室内に響き渡った。周囲の子どももたたいている本人も大笑いしていたという。このことから、子どもたちは「保育室という場所で人や物といった環境への関わり方を即興的に変えて」おり、「実用性の点からは外れた、即興的な関わりを共有すること自体を楽しんでいる」とし、「人や物との関係において、既存の意味にとらわれない新たな気づきと柔軟な見方・扱い方を特徴とする関わりを子どもたちが即興的に創出した」と考えている。そして、こうした子どもの行動は、「かつて"子ども"であった大人にはふざけたふるまいとして捉えられがちである」が、「子どもの育ちに関して、創造性という新たな観点が導かれると考えると、実用性の観点から離れ、子どもの関わりそのものに目を向け、子どもが何を共創しているかという視点をもつことが大切」だと指摘している。

　障害児の保育・療育分野でも遊びは重要とされ、実践研究が数多く行われている。それらのなかで、大人の遊び心について触れられているもの挙げる。田丸（2000）は、障害児の保育や療育の中で子どもの遊びを考える場合、その活動がどんな力を伸ばすのかという視点を意識する必要がある一方で、「遊んで遊んで心動かして楽しむ経験」は子どもに何を育てるのかについて、太田ら（1990）の研究を紹介しつつ障害児の発達のとらえ方を指摘している。すなわち、「障害を持っていても子どもはみんな自分の生活の主人公であり活動の主体である」ととらえると、「活動の一つ一つの場面でその場面にふさわしい行動がとれているかどうかという視点で子どもを評価するだけでなく、もっと主人公としてどう生きているかという視点で評価すべき」で、そのためには「子どもの生活全体をみることが不可欠」である（浜谷、1990）こと、「その場の子どもの行動（その結果）を、活動のねらいとつきあわせて評価することは、子どもを外側から解釈したり、遊びの発達の枠組みに子どもをあてはめて解釈することにつながる」恐れがあることから、「指導者であると同時に遊び相手でもあるところから子どもを見る目とは、子どものおもしろがるものは何だろうと心をよせ、子どもの感情の揺れ動きを見ることで、子どもの内面に迫る視点と言

うことができる」（p.21）という指摘である。

　赤木（2019）は、障害のある子どもの遊びの現状と課題を検討するなかで大人の遊び心（遊び観）について述べている。障害児にとっての遊びは、①障害児の能力・スキル向上の手段として位置づけようとする立場と、②障害児が遊びに没頭できることを重視する立場（遊びそのものを通して、障害児の生活を豊かにしようとする立場）に大きく分けることができるとしたうえで、これまで見過ごされてきた視点として「大人（実践者や保護者）が障害児と遊んでいるか？」があり、「大人が遊ぶ」という視点は論じられていない（p.100）と指摘する。

　また、「大人が障害児と遊ぶ」視点の重要性として、①大人が障害児と遊ぶことは、障害児の発達を促す可能性が強いこと、②大人がともに遊ぶことで、子どもがはじめた遊びを豊かに広げる可能性をもつこと、そして、より本質的な理由として③なにより大人が楽しければ子どもも楽しくなることを挙げている（p.101）。

　さらに「大人が障害児と遊ぶ」視点が論じられてこなかった理由として、①障害の改善や能力の向上に重きが置かれる背景があったこと、②大人がうまく障害児と遊べないことを挙げる。とくに大人がうまく遊べないのは、「遊び方」や「遊ばせ方」という技術的な問題ではなく、大人の「遊び観」の狭さが影響しているという（p.103）。そして、大人が有する遊び観を「適切な遊び観」（社会的規範に逸脱しないような遊びを重視する遊び観）、「一緒主義の遊び観」（他の子どもと一緒に遊ぶことに肯定的な価値を付与するような遊び観）、「できるようにの遊び観」（できないことをできるようにする遊び観）の３つに分けて説明する（p.105）。自閉症の子どもの場合、相手の気持ちやその場の状況の理解が難しい、特定のものへの興味・関心が強い、といった特性があり、障害のない子どもたちとは異なる質の遊びを示すことがあることから、大人が障害児と遊ぶためには「大人の遊び観を転換・拡張させていくことが重要になる」と述べ、実践例をもとに次の３つの視点を提起している（p.109）。

　①　「適切な」遊びからの転換−自分の「まとも」をいったん外す：私たちの「適切さ」の狭さや「適切さ」にしばられていることを自覚し、かつ「不

適切さ」と感じてしまう行動の中にある子どもの楽しさの芽を丁寧に見ていく

② 「一緒主義」遊びからの転換−「ちがいながらつながる」遊びへ：「みんな一緒に同じ遊びをする」のではなく、「それぞれが好きな遊びをしつつ、その中でつながっていく」という意味での「みんなと遊ぶ」こと。「ちがいながらつながる」遊びとも言え、このような遊びは子ども一人では感じ取れなかった深く学べることにもつながっていく。

③ 「できるようになる」遊びからの転換−「できなくても好き」な遊びを創造すること：「できないこと」の意味を転換させる。すなわち、「できなさ」や「間違い」を１つのおもしろさとして転換させていく。そのための技術の一つが「間違いにノッてあげる」というノリである。この背景には、他者の間違いをすぐに正すわけではなく、その間違いを共有する、そのことでやさしさやおもしろさがうまれる「ノリはやさしさ」という思想がある。

（3）大人・保育者の遊び心

　麻生（2001、2007）は、遊びに対する研究を概観するとともに、人間と他の哺乳類の子育てを比較する中で「遊び心」のルーツについて述べている。麻生によれば、哺乳類の子どもは、大人の「遊び心」をくすぐり、それを誘い出す存在（2007、p.77）だとし、子どもと関わるとき、幼児を慈しむ心が「遊び心」の原点であり、子どもが面白がってやっている行為を、大人が慈しむ心（遊び心）をもって、肯定的にみていることが子どもの遊びを育成し、その子どもが大人になったとき、また次の世代の子どもの遊びを育てる力になるという。そもそも「子どもの健全な発達のために、子どもの相手をし遊んでやらねば」と考えることは本来おかしく、遊び心のある大人は、「子どものために遊ぶのではない。子どもと遊ぶのが面白いから、子どもと遊ぶのである」という。そして子どもと遊ぶコツとして大事なのは、「子どもがどのようなことに好奇心を抱くのか、子どもの不安や安堵がどのように生じるのか、子どもが何に喜ぶのか」を感じ

るとる力（ほとんどの人が持ち合わせている力）と、「遊び心」である（2007,p.74）とまとめている。

　音田ら（2013,2015）は、保育者が「遊び」の本質をどのようにとらえているか（遊び観）に着目し、養成校の学生と保育者を対象に調査研究を行った。保育においては「遊びを通して総合的に育てる」ことを基本とするが、「通して」は様々なとらえ方ができること、すなわち「through 過程・段階（〜を経て）」、「by osmosis 〜をいつの間にか身につけて」「by 手段（によって）」などで示し、「現場においてこの「通して」を遊び「による」（by 的）と誤解し、ただ遊んでいるのでなく何かを育てなければいけないととらえる」と、子どもに「真の遊びが全く保障されないことになる」と述べている（2013、p.46）。結果として、①養成校の学生も保育者も「何かを育てるための手段」として遊びをとらえる傾向があること、②しかし、遊びに関する授業を受けた経験のある学生や保育経験の多い保育者は、「おもしろいからするもの」という遊びの本質を示す回答が増えることを明らかにした。また、こうした違いが生ずる理由について、保育者自身の子ども期の遊び経験の豊かさの違いと養成課程の違いから考察している（2015）。彼らの研究は「遊び心」そのものを扱っているわけではないが、遊び観は本人の遊び経験や遊びに関して学んだ経験の度合いが影響していること、すなわち遊びの学習によって遊び観が変化しうることを明らかにしているといえる。

　浜田ら（2017）は、子どもが遊びを豊かに展開できるように指導・援助できるかが保育者の専門性の一つとし、「遊び心」と保育者の専門性の関係について明らかにすること、どのようにして「遊び心」を養成できるかを明らかにすることを目的に、「遊び」と「遊び心」について概念整理を行っている。彼らはまず、河崎（1994）の考えをもとに、遊びを活動という視点から「仕事」や「学習」と区別するのではなく、「活動している当人の『意識』や『態度』あるいは『心理的関係の在り方』のような面から考えていこうと」している（p258）。そして「遊び心」は遊び以外にさまざまな「労働」や「学習」も含めた局面で現れるものであり、同時に、活動自体は「〜ごっこ」や「コマ回し」のような

「遊び」とされてきたことを行っていたとしても、「遊び心」がなければ「遊び」と言えなくなることを指摘している。

　また「遊び心」を「自我の揺れ動き」ととらえ、河崎（1983）の「遊び心をつかんだ」指導や援助の在り方として「子どもの行動に現れる達成と逸脱、成功と失敗、拘束と自由との間の揺れ動きを保障し認め共感するという大人の立場を確固として守ることが不可欠」であり、子どもの「遊び心を揺さぶり共鳴させるために」、保育者自身が「一歩進んだ遊び仲間」として遊びを直接指導することが重要であること、すなわち「子どもの遊び心、つまり一方では達成、成功、拘束へ向かう際の緊張感と、他方では逸脱、失敗、自由をおおらかに受け止める解放感との揺れ動きそのものを引き出し、子どもたちの間でそれを共鳴させ対立させながら発展させていくことである。そのためには何よりも、保育者は子どもと遊ばなければならない」（p.331）と指摘する。

　さらに、「遊び心」をもった保育者になるために身につけるべき素養として、ａ．子どもがしたことの面白さに対して、共鳴、共感できる、ｂ．事物（自然物、人工物）の不思議さを発見したり、そこから新たな発想を生み出したりすることができる、ｃ．偶発性をチャンスとして捉えることができる、ｄ．失敗や逸脱、恥ずかしがることを恐れない、ｅ．境界線を自ら引くことができると提起している。

３．まとめ

(1)「大人の遊び心」の問い直し

　遊び心に関する研究をみると、遊びと遊び心についての記述は研究者によって違いはあるが、以下のような共通点がある。

　①「遊び」の捉え方そのものには、大人から見て望ましいと思われる面と、ふざけ、冗談、からかい、いたずらなどの面の「二面性」（中野、1995、p.13）があり、「枠に収まらない遊び、あるいは自ら枠を作り出していく遊び」こそ

が「豊かな創造性や他者の多様性に対する寛容さや困難な現実を楽しみながら乗り越えていく力を養うもとになる」（富田、2019,p.75）。子どもたちは「保育室という場所で人や物といった環境への関わり方を即興的に変え」、「実用性の点からは外れた、即興的な関わりを共有すること自体を楽しんで」おり、「人や物との関係において、既存の意味にとらわれない新たな気づきと柔軟な見方・扱い方を特徴とする関わりを子どもたちが即興的に創出」（山下、2019）するなど、従来検討されてこなかった後者の側面にも子どもにとっては積極的な意味がある。また「遊び」は活動であるだけでなく、活動内の要素・成分でもあるととらえられ、また子どもの育ちを内容から見る視点として、遊びを行っている時に生じる「心理的状態（玉置、1994）」、「活動している当人の『意識』や『態度』あるいは『心理的関係の在り方』（河崎、1994、p.258）」を区別する必要がある。

　②遊び心については、麻生（2007）が子どもを慈しむ心が原点であり、子どもが面白がってやっている行為を、大人が慈しむ心（遊び心）をもって、肯定的にみることであると指摘している。他の研究では、遊びそのものには大人から見て望ましいと思われる面と、ふざけ、冗談、からかい、いたずらなどの面の「二面性」がある（中野、1995、p.13）と理解すること、大人が「不適切」だと感じてしまう行動の中にある子どもの楽しさの芽を丁寧に見ていくこと（赤木、2019、p.111）、「かつて "子ども" であった大人にはふざけたふるまいとして捉えられがちである」が、「子どもの育ちに関して、創造性という新たな観点が導かれると考えると、実用性の観点から離れ、子どもの関わりそのものに目を向け、子どもが何を共創しているかという視点をもつことが大切」（山下、2019）など、前述の様な遊びの二面性を肯定的に理解することの重要性が共通である。さらに、保育者の「自らの遊びたがる気持ちに相手をほどよくノセること」（富田、p.76）、「指導者であると同時に遊び相手でもあるところから子どもを見る」（浜谷、1990）こと、「正しさ」と距離をおき、逸脱や失敗、悪ふざけを楽しもうとする心的姿勢（赤木、2019、p.119）、「相手との〈相互的楽しさ〉を追求し合う（中野、1995、p.13」気持ちをもつことなど、子ども（相手）とのコミュ

ニケーションそのものを楽しもうとする姿勢も重要である。

　さらに、遊び心について心理学的に検討した野口（2003）は、精神的な遊びに通じる、楽しさ、リラックス、ユーモア感、喜び、自発性を遊び心とし、「遊び心を持ってことにあたることにより、自由に創造的になることができ、自己発見にもつながってくるのである。遊びは心身を解放するが、遊び心は心を解放するといえるだろう」としている（p.35）。そして、現代社会では、日常的な関係性がうまくいかなかった時、孤立感、疲労感を経験すると、癒やされたい感情が生じると指摘し、心理療法での検討を例に「私たちの心と体は、緊張のみでは健康体でいられず、上手に息抜きをし、自然な遊びを取り入れることにより心が癒やされる」こと（p.85）、現代社会の中でほっとして癒やされる時、人と人との関係の中で「魂の触れ合いができるような時がもてたり、リラクゼーションができたり、自己の気持ちに余裕を持たせて、自由と喜びを創造的に自分で作っていける」（p.87）と考えられ、その方法として「遊び心」が重要になると指摘している。これは、我々の考えとも一致する。

　なお、麻生（2007）や富田（2019a）の指摘によれば、子どもはまず大人に遊び心のある態度で「遊んでもらう」ことによって、他者に対して遊び心をもって「遊ぶ」という態度をとることを学ぶ。また、大人にとってはウソの世界も、子どもにとってはウソだけどホントかもしれない、ホントだけどウソかもしれない世界を楽しむ姿は、二歳半頃から少しずつ現れ、4、5歳頃ピークを迎える。遊びたがる大人が子どもと真剣に、日常から逸脱した世界をホントかウソかの「あいだ」を揺れ動きながら楽しむ時、子どもの中で遊び心が鍛えられ育つ（富田、2019b,p.29）とすれば、子ども時代に大人が「遊び心」をもってかかわるか否かが、子どもの遊び心にも大きく影響すると考えられる。

(2) 遊び心研究の背景

　遊び心に関する研究は主として1980年代以降「遊び」を真に豊かにするための研究と結びついて行われてきたと言える。ちょうどこの時期は、幼稚園教育要領（以下教育要領）の改訂（1989）、保育所保育指針（以下保育指針）の改訂（1990）

時期にあたる。早瀬（2016）によれば、それまでの教育要領・保育指針では保育内容が 6 領域「健康」「社会」「自然」「言語」「絵画制作」「音楽リズム」で示され、小学校の「教科」と「領域」の性格は異なるとされていたが、実践現場では教師主導で領域別に教えるというような保育活動もみられていた。こうした知識・技能中心の教科主義に対する批判もあり、「遊び」は保育者があらかじめ計画して子どもに与えるものなのか、保育における遊びはどうあるべきか、子どもにとっての遊びとは何かといった問い直しが行われたといえるだろう。教育要領・保育指針の改訂では「教師主導の保育」から「子どもが中心となる保育」へと転換し、「環境による保育」を基本理念として領域も 5 領域「健康」「環境」「人間関係」「言葉」「表現」に改められた。また保育者の役割も「指導」から「援助」へと変更されたが、「指導」と「援助」の考え方については自由放任の保育があらわれるなど誤解や混乱がみられたようである。以後、教育要領は1998、2008、2017年に、保育指針は1999、2008、2018年に改訂され、2008年以降は「遊びを通しての指導」（教育要領）、「遊びを通して総合的に保育する」（保育指針）が明記された。そして「遊び」についての記述をみると、教育要領解説には「遊びの本質は、人が周囲の事物や他の人たちと思うがままに多様な仕方で応答し合うことに夢中になり、時の経つのも忘れ、その関わり合いそのものを楽しむことにある。すなわち遊びは遊ぶこと自体が目的であり、人の役に立つ何らかの成果を生み出すことが目的ではない。しかし、幼児の遊びには幼児の成長や発達にとって重要な体験が多く含まれている（p.30）」（傍点筆者）とある。また保育指針解説では、「遊びは、それ自体が目的となっている活動であり、遊びにおいては、何よりも「今」を十分に楽しむことが重要である。子どもは時が経つのも忘れ、心や体を動かして夢中になって遊び、充実感を味わう。そうした遊びの経験における満足感や達成感、時には疑問や葛藤が、更に自発的に身の回りの環境に関わろうとする意欲や態度の源となる（p.24）」（傍点筆者）とあり、いずれにおいても「遊んでいる子どもの心理状態」が重視されている。こうした背景の中で、大人の関わり方を明らかにする視点として「遊び心」について検討が行われ、近年その重要性が見直されてきたと

も言えよう。

　また、保育指針解説書には「保育士等は、保育所の生活や遊びにおける子どもの体験について、発達の見通しをもちながら計画を立て、保育を行う。（中略）また、短期的な結果を重視したり、子どもの活動が特定の知識・能力の習得に偏ったりすることがないよう留意する（p.25）」とあるが、そのためにも遊びには「二面性があること」を理解しつつ、子どもと楽しさを共有しようとする「遊び心」をもってかかわることは大切だろう。

　さらに富田（2019b）は、「遊び心のある子どもは、想像力とユーモアにあふれ、たとえ困難な局面に出くわしたとしても、気持ちを巧みに切り替えて、その時その場なりの楽しみを見いだすことができる」（p.26）と述べている。大人のこのようなかかわり方は、子どもの「主体的・対話的で深い学び」を大切にする実践を展開する上でも重要であり、保育者に認められる経験や、失敗を恐れず試行錯誤する経験は「非認知的能力」を育むことにもつながるのではないかと思われる。

4．今後の課題　「遊び心」再生の可能性

　筆者らが行った研究（瀧口、2019）では、保育者や保護者、日頃子どもや子育てに関心の高い大人の多くは上記のような「遊び心」をもっていると考えられたが、時間的な余裕や気持ちのゆとりがない場合には「適切さ」を求めたり「現実的・教育的」なかかわりになってしまうことが示唆された。

　子どもを慈しむ心が「遊び心」の原点であり（麻生、2007）、「子どもをゆったりとおおらかなまなざしで見てみる」と、子どもとともにある「不思議で愉快な世界が広がって」いることに気づき、「その不思議さや愉快さに身も心もゆだねると、おのずと遊び心も開放されてくる」（富田、2019）とすれば、遊びの重要性について改めて学び、子どもとゆとりをもってかかわる経験をすることによって大人の遊び心を再生することも可能である考えられる。今後は、実践を含めこの点をさらに検討していきたい。

文献

赤木和重（2019）遊びと遊び心の剥奪、小西祐馬、川田学編著
シリーズ子どもの貧困　遊び・育ち・経験　子どもの世界を守る　第3章、明石書店、pp.97－124

麻生　武（2001）インタビュー　遊びは大人の「遊び心」から、母の友（572）、pp.40－45

麻生　武（2007）発達と教育の心理学―子どもは「ひと」の原点、培風館

麻生　武（2010）遊びと学び　佐伯胖監修・渡部信一編　「学び」の認知科学事典、大修館書店、pp.128－145

Cosby.S.Rogers, 玉置哲淳、芦田宏、岸田百合子、中橋美穂（1994）乳幼児の遊び研究の新しいアプローチの試み－Playfulness の研究を手掛かりに－、大阪教育大学幼児教育学研究（14）、pp.1－20

浜田真一・音田忠夫・金田利子・松井友子・川島薫・瀬端真弓（2017）遊び心を持った保育者の養成に関する研究　平成29年度保育士養成協議会　全国セミナー資料

浜谷直人（1990）固執的な行動から遊びの芽を育てる―おさむ君の絵を描く行動が教えてくれること―　太田令子ほか著（1990）　僕たちだって遊びたい　障害児・気になる子の遊びを見つめ直す　心理科学研究会編、ささら書房 p.165

早瀬眞紀子・山本弥栄子（2016）幼稚園教育要領・保育所保育指針の変遷と保育要領を読み解く、プール学院大学研究紀要、第57号、pp.365－380

加用文男（2016）子どもの「お馬鹿行動」研究序説、かもがわ出版

河崎道夫（1994）あそびのひみつ、ひとなる書房

河崎道夫（1983）子どものあそびと発達、ひとなる書房

北島尚志（1992）広がれ、子どもの大人の遊び心－表現活動研究集会より　教育42（6）、pp.94－99

厚生労働省（2018）保育所保育指針

厚生労働省（2018）保育所保育指針解説

文部科学省（2017）幼稚園教育要領

中橋美穂・柴田智世・卜田真一郎（2009）「玉置幼児教育学」の系譜を辿るⅡ～遊び研究　の経緯～ Educare, 30、pp.39－47.

中野茂（1995）遊びの発達論再考－"ため"の遊び論から"遊び心"へ、児童心理 49、金子書房、pp.10－16

野口節子（2003）遊び心の心理学的意義、医学出版社

太田令子ほか著（1990）僕たちだって遊びたい　障害児・気になる子の遊びを見つめ直す、心理科学研究会編、ささら書房

音田忠男・金田利子（2013）「遊びを通した保育」の理解と実践－遊び観との関わりから－、保育の研究 No.25、pp.45－51

音田忠男・金田利子（2015）保育者の子ども時代の遊び環境と遊び観、保育の研究 No.27、pp.78－82

瀧口優・小松歩・金田利子・山路千華（2019）遊び観・遊び心と保育・子育て―東京都下に
　　おける保護者及び保育者への調査研究から―、白梅学園大学・白梅学園短期大学子ども
　　学研究所研究年報、No.24 pp.3 - 11

玉置哲淳（1989）遊び心こそ保育：遊びの指導計画を構想する、乳幼児発達研究所（子育てブッ
　　クレット；No.4）

玉置哲淳（1994）三つの次元からの遊び概念の検討、大阪教育大学紀要　第Ⅳ部門　第42巻
　　第 2 号、pp.217 - 233

田丸尚美（2000）「遊び心」から障害児の遊びを考える―遊んで心動かして楽しむ経験は何を
　　育てるか、みんなのねがい387、pp.16 - 21

富田昌平（2019a）遊び心研究のすすめ、発達 No.158、ミネルヴァ書房、pp.75 - 82

富田昌平（2019b）遊び心がもたらす豊かな生活、母の友、12月号、pp.25 - 29

山下愛実（2019）幼稚園における幼児の保育環境へのアプローチの変化から見いだされる遊
　　び心をもった関わり CHILD RESERCHNET

https://www.blog.crn.or.jp/lab/01/124.html 2019年10月10日閲覧

第2章

世代を超えた遊び心とその交流

金田利子

1．遊び心と子ども心

　遊びには、心理的側面としての遊び、活動としての遊び、文化としての遊び等の諸面がある。世代を超えた遊び心を考えるとき、ここでの遊び心について規定しておきたい。

　遊び心とは、遊びの側面の中でその心理的側面を言う。それは面白さであり、面白いから他の何らかの目的のためではなく行い、さらに追求したいと思う心情だと言える。その面白さの心的状況は、河埼（1994）の言う、自我の揺れ動きではないかと捉える。

　「遊びは遊ぶこと自体が目的であり、人の役に立つ何等かの成果を生み出すことが目的ではない」（文部科学省2008、2018）にもかかわらず面白いからやってみる、そしてさらに面白くしようと追求していく、この心情こそ遊び心だと言える。その心を子どもは自然に身に付けている。そしてその遊び心を内包した遊び活動が全生活の中核的な意味を持つ主導的活動となると考えられる。それゆえ、ここでは、遊び心＝子ども心と捉えておく。しかし、大人になるにしたがって子ども心＝遊び心が薄らいでいく。そこから、世代を超えた遊び心は、世代を超えた子ども心を意味しているともとらえられる。

　子どもは自由に遊べる明日の食の確保を心配しなくても良い存在だが、大人を乗り越えて歴史を背負っていく存在として強制される立場でもある。この矛盾を乗り越えようと進化の側面から種として止揚してきたのが子どもの遊びではないかという捉え方（河崎、1983）もできる。

　大人は、子どもとは異なり、子どもや自身の生活と生存に責任を持つという

立場にあり、主導的活動が異なる。それゆえに遊びの意味も異なる。しかし、どのような主導的活動期であっても、子どものとき体験した遊び心は形を変えて内包している。

アーウイン・シンガー（1976）は、「子どもらしさ」と子どもっぽさの違いについて述べている。そこから佐伯（2003）は「子どもらしさ」とは、「精神的に健康で安定した人間の特性として（下線は筆者）、①物事への熱中、②不確実さに進んで挑戦する、③不思議さへの驚きを受け入れる、④矛盾や葛藤を多様な発想で乗り越える、⑤他者の言葉をまっすぐに聞く、とまとめて紹介している。ここで、初めに「人間の特性として」と断っているところに注目したい。人類の培ってきたこの人間性を自然に持っているのが子どもであり、この特性を生涯持ち続けるのが難しいのが現状であるが、同時に大人になってからもこの人間性を持ち続けるという復権の可能性が潜在しているということを我々のささやかな研究からも示唆されているからである。

その内包された子ども心＝遊び心を子育てにおいて引き出してみることが可能になれば、また、そういう社会風潮が育っていく時、その地域は遊び心を通して子育てのしやすい街になるのではないだろうか。

2．生涯発達過程における遊びの位置と遊び心.

発達的時期と世代はイコールではないが、筆者の活動を中心とした発達過程論（金田、2006）によれば、世代は、年齢的に一致するのは子ども期であるが、活動の特徴から見ると、年齢を超えた一定の発達期とほぼ一致する。

一定の世代を表すそれぞれの発達期の主導的活動と遊びとの関係について述べていく。そのため、世代と大きな視点で一致する活動を中心とした筆者の発達過程表を提示する（図1）。

人間の活動の特性には認知の系（外界を対象として把握＝対象活動の系）と感情の系（外界との関わり方・自身の好嫌によって選択する態度＝関係活動の系）がある。どの時期にもどちらも不可欠であるが、どちらかが主導になり交互に発

展するという考え方に立つ。

　図中では、主導になる方を実線で繋ぎ、非主導の方を点線でつないで傾向を示している。非主導は次の主導になる不可欠な活動である。上段に感情と関わる関係活動の系、下段に認知と関わる対象活動の系を置いている。

　２つの系を引き出して生涯発達過程における特徴を用語で示したのが表１である。

　図１は単なる発達心理学的な側面だけでなく社会科学とも結合している。人類の類としての維持発展にとって不可欠な２つの要因（エンゲルス1954、鈴木毎子1978）、それは生命それ自体を生み育てる生命の生産と再生産の営みとしての家族とそれに必要な資源の供給を計画的に行っていく労働であるという観

図１　活動の特性からみた発達過程表・生涯発達過程一覧

家族概念との対応		定位家族						創設家族			再統合家族
発達の時期／活動のタイプ		乳児期	幼児前期	幼児後期	学童期	青少年前期	青少年後期	壮年前期	壮年後期	老年前期	老年後期
欲求動機の系（エリコニン）	関係活動の系（金田）	直接的情動的交流	（前役割あそび的）集団並行遊び	役割遊び	集団的協同的交流 ギャングエイジ 中学	親密な個人的交流	友情・恋愛および 自己の確立	新しい家族の形成 他人の生命の生産 結婚・独立	親世代同世代と異世代とのかかわり 夫婦関係 地域・文化諸関係 子育て期 子世代 親子関係	自己内省	（類と個の統一的世界観の確立）
技術操作の系	対象活動の系	的活動 前操作的・感覚運動的活動	対象操作的活動	（前学習的課題活動）学習的課題活動 小3〜4年	大学 職業・高校 学習活動 抽象的・論理的学習活動		（研修的生産労働）	創造的生産労働	（伝授的生産労働）	省察労働	
労働概念との対応		模倣労働						生産労働（使用価値と等価交換）			省察労働

注）・使用価値はあるが交換価値はない。あるいは少ない。
　　・青少年後期までの児童期の主導的活動は、「交通」を除いてエリコニンの概念を用いる。
　　・（　）内は主導的活動の前段階で、その準備状況をつくりつつある時期であり、著者が考察した用語を用いた。
　　・ロシア語の意味からは「交通」の方が厳密であるが、日本語としてイメージしやすいということからここでは「交流」とした。
　　・壮年期以後の発達過程については、生活科学の知見から著者が考察した用語を用いた。
　　・「労働概念との対応」の項の「模倣労働」および「省察労働」については、生涯教育に関する那須野隆一の論文（『現代と思想』17号、1974）より引用した。
　　・実線は主導的活動の移行過程を示し、点線は対応する系の活動時期に非主導的になる活動の移行過程を示している。
出典）金田利子「発達過程と生活構造（１）」『静岡大学教育学部研究報告（人文社会科学篇30号）』1980より一部修正

点に立っている。家族は関係活動の系に、労働は対象活動の系に当たる。図 1
において、もっとも外側の欄の上段に、関係活動の系の対応として家族の発達
期を置き、同じくもっとも外側の下段には、対象活動の系の対応として労働の
発達期を置いてある。

　以下、発達の主導的活動が遊びにある子ども期とりわけ幼児期を中心にこの
視点について説明していく。

　幼児期を含む子ども期は、関係活動の系に対応する家族の発達期としては、
親たちにとっては創設家族期であるが、定位家族期に属している。同じく定位
家族期に属していても、青年（図 1 では「青少年」というエリコニンのことばを使っ
ている）前期においては気持ちの上では一歩そこから出ようとしているが、幼
児期はまさに心身ともに定位家族の最中にある。

　対象活動の系では、模倣労働期になる。従って、現実の労働には携わらない
ことを前提としているので、大きくとらえれば労働からの自由という点では遊
び期になる。しかし、もっと細かく発達期ごとに応じて分類していくと、遊び
期の中の遊び期と言えるのは幼児後期であり、主導的活動は遊びになる。人は、
子ども期の歴史的使命ともいえる主導的活動としての遊び（関係活動）を幼児
後期に十分体験し、自分を知り、遊び心の真髄を身に付ける。

　ここからは、図 1 と同時に表 1 （金田、2006）にも視点を置いて、述べていく。
幼児後期の前の前の時期（乳児期）には人との関わりを中心に直接的情動的活

表 1　　生涯発達過程における「関係活動の系」と「対象活動の系」

①乳児期	「人知り初めし笑顔」（関係活動の系）
②幼児前期	「道具知り初めし心の営み」（対象活動の系）
③幼児後期	「戎知り初めし心の営み」（関係活動の系）
④学童期	「理知り初めし心の営み」（対象活動の系）
⑤青少年前（思春）期	「価値知り初め一心の営み」（関係活動の系）
⑥青少年後期	「職業（労働）の意味知り初めし心の営み」（対象活動の系）
⑦壮年前期	「親離れ創設家族を志向し初めし心の営み」（関係活動の系）
⑧壮年後期	「現実の責任の意味知り初めし心の営み J」（対象活動の系）
⑨老年前期	「改めて我省み初めし心の営み」（関係活動の系）
⑩老年後期	「個を類に繋ぐ貢献自覚し初めし心の営み」（対象活動の系）

注）田中昌人の表現（①③④⑤）をもとに、筆者が加筆（②および⑥以降）。

動を主導的活動とし、あやしあやされる中で人の中での自分を、笑顔をかわすことで理解する乳児期があり、すぐ前の時期（幼児前期）には、世の中には「物」があること、それは単なる物ではなく、人間が作り上げた道具でもあることを、大人の模倣や見立てやつもり活動を通して理解し、物の操作（対象活動）を身に付けていく。次の幼児期には、まさにイマジネーション・想像を主とする遊びが主導的活動となる。

　遊びを主導とする幼児期の次に来る学童期には、遊びの中で培った想像世界でのリアリティーを現実に移し、対象を見つめ何故どうしてと疑問を持ってくるという学習（学び）が主導的活動となる。そして、その後の思春期にあたる青年前期には、自分はいったい何者なのかという自分自身に目が行き関係活動の系が主導的になる。

　次の青年後期は、子ども期の最後であるとともに大人期の始まりであり、ルソーの言う第2の誕生期にもなる。対象活動として職業学習活動に目が行く。子ども時代の終わりであると同時に、非主導的活動では育てられていた時代から人を育て養うという方向の準備期としても大人の入り口に当たる。

　その期を経て壮年前期へと向かう。この時期は3度目の自己の方に目の向く関係活動の系となる。そこを乗り越えるとまさに壮年後期となって、子育てにおいても仕事においても責任を担っていく世代になり、主導的活動は対象活動の系となる。その時期は社会の中の働き手としての時期であり、一般にかなり長い期間（約40年間）になる。

　やがてその対象活動の時期の終わりには4度目の自己に目の向く関係活動の系になり、自分のことを振り返る時期になる。それを乗り越えてくると外への目として次世代への願いが我がものとなり得るジェネラティヴィティとしての活動が主導（対象活動の系）となる。

　このようにとらえてくると遊びが生涯発達の主導的活動であるのは幼児後期のみでほんの一時期にすぎない。

　しかし、そこで培った遊び心は生涯にわたって、言い換えれば、世代を超えて内包されているものであることが分かる。したがって、内包された遊び心を

子育てにおいて引き出し復権していける地域を創ることが重要な課題となる。

3．幼児期の主導的活動としての遊びと他世代における遊び・遊び心
―自己活動としての遊びと余暇・余裕（ゆとり）としての遊び―

　自己活動としての遊びが主導的活動であるのは生涯発達過程においては幼児後期が中心になる。他の時期にはそれぞれ主導的活動があるので、遊びは自己活動という意味であっても、余暇活動になる。学童期の児童にとっても幼児期とは異なりいわゆる休み時間の遊びになる。

　したがって、余暇活動としての遊びにも様々な遊びがある。先にアーウイン・シンガーの説を挙げたが、あのような意味での遊びと仕事がイコールになる人にとっては、仕事＝遊びとなるが、そうでない場合余暇がなければ、自己実現の遊びはできない。

　そうした時、仕事だけでなく、現実的な何らかの目的以外の自らが面白いと思う事に没頭できることが、幼児期も含めてすべての世代の遊び心ということができる。この遊び心はゆとりがあってこそ生まれる。

　衣・食・住を考えても、機能だけでなく、より美しくおしゃれにと創造する生活のゆとり活動も遊びに入るが、それが今日では遊びとは言わずに文化というようになってきた。面白さを追求する遊びの中の遊びの精神が様々な生活や仕事の中でゆとりとして導入されていく時、形として残るものは文化となり、人間関係を柔軟に面白くしていく人と人の関係の手立てとしてはその時々の機知による無形のものにユーモアがあり、形としては諺などとして残る。人生をフィクションで描く小説や絵画や音楽等も、現実の実利と離れて描く・創るという意味でゆとりが生み出した芸術文化になる。それが人間生活にとって不可欠なものと認められ、仕事になっていけば、その仕事もまた、遊び＝仕事の分野になる。しかし、創造活動が仕事の場合も、外からの要請や責任が先になってくるときその遊び性は阻害されてくる（参考：増山2004）。

　スポーツも初めは遊びであった。ルールが明確になり活字になり、国内にまた国外に流通していき、形となるとスポーツとなる。その試合が人びとを楽し

ませることが仕事となるとプロが生まれて、見る方は遊びでもプレイする方にとっては遊びから分化して仕事となる。

今日のように資本主義社会においては仕事が常に交換価値と関連してくるとき、仕事＝遊びの中にもそうでない要素が付きまとう。そうした現実の中では、限りなくその方向を求めつつも、真の遊びには余暇が不可欠になる。

高等哺乳動物（サルなど）の親が子どものすること〔遊び〕を見つめている姿を、遊び心の源ではないかと言われる（麻生、2007年）のも、食糧に気を使わなくても良い場合、霊長類研究所等の放し飼い指定された森の中で放し飼い動物としてのサルはもちろん、野生の場合にも食糧捕獲に一定の余裕ができているときにその様な遊び心が生まれているのではないかと思われる。

高等哺乳類がえさを求めるところから遊びへと発展していく様はケーラー（1962）の実験的観察に示唆を得ることができる。

4．子育てにおける遊び心と世代間交流

では、世代を超えて子育てに携わっていく時、子育てにおける遊び心と世代間交流の関係はどのようにとらえたらいいのだろうか。

親は、それぞれに仕事を持っている。主導的活動は、子どもが幼い場合は、親の発達期が壮年前期の研修的生産労働に当たる場合もあるが、出産が年齢的に高い場合には、壮年後期で創造的生産労働に当たる場合になる。若年出産を除けばそのいずれかになる。いずれにせよ、主導的活動が遊びにあることはない。現実に子どもを育てる自分と子ども時代に気持ちを戻した自分を内面で結合する必要がある。子どもの思いを受け止め遊び仲間として一緒に楽しもうとする仲間としての自分が不可欠になる。

第Ⅳ部のこれまでの研究においては第10章の地域における遊び心の調査にあるように、地域の子育て支援に関心のある大人たち（多くは、子育て最中か経験者）は、子どもの気持ちになって楽しむ気持ちと、親として大人として社会性を身につけさせなければという両面が出ており、親性と昔の子ども性の両極の

間で迷っている姿が見いだされた。大胆に、自らが昔の子どもに戻れるには、親・大人が子どもの頃に戻って楽しむ事を許容する社会的雰囲気をつくっていくことの必要性が示唆される。

　具体的には、地域における地域づくりのリーダーである大人たち（子育て中の30代から子が自立後の70代以上までの人たち）に「玄関に靴やサンダルやゴム草履などが乱雑に置かれているところで、4歳くらいの子どもが、片付けるのではなく、その履物を組み合わせて夢中で家族の顔の絵などを描き始めている。それを見たあなたはどうしますか?」と尋ねた。すぐはどうするか、しばらく経ってからはどうするか、の2点について質問した。選択する答えを9章にあるように、社会性や、保健面から見て「指導」的に、「片付け（整理）を指示するもの」、「清潔の観点からやめて手を洗うように言う」もの柔らかく「お靴は何するものだったかな?」と誘導尋問するもの、共感的に見て「面白そうと見守る」、あるいは「自分も一緒に遊び始める」もの、等を用意した。

　すぐの時も少し間を置いてからもどちらも共感的な人、どちらも「指導」的な人もいたが、多くの人が、はじめ「指導的」でも後の方では共感的であったり、はじめ共感的でも後が「指導」的になったりと、2つの間をゆれていることが分かった。それは、本来面白そうだから条件が許せばいいけれど社会性への調整能力も欲しいという、遊び心性があるかないかではなくその間で迷っている姿の現れではないかと思われた。

　そこから見えてきたことは、今日の大人たちにも遊び心は十分に持っているのだけれども諸般の条件を配慮すると、共感的だけにはなってはいられないという事ではないか、条件が許せば、時間的、空間的、そしてある場合には経済的に、余裕があれば今の大人たちの中にも遊び心は十分にあるし子育てにもっと遊び心を引きだす可能性が潜在しているのではないかということである。

5．子育てにおける世代間交流と遊び心

　ここでは筆者らが行ってきた実験的実践から見えてきたことを述べる。

(1) 幼児期の主導的活動「遊び」を中心に多世代の主導的活動を結合させていく事例

　これは、ある高等学校の福祉コースの授業を大学院生が世代間交流の仮説を持って実験的にはいっていったものである（金田、2009）。地域の高齢者の方々のお話を聞き、昔の遊びを教えてもらい、その学びをもとにして、その高等学校の傍にある保育園において子どもと高校生が高齢者の手ほどきで一緒に遊ぶというものである。

　詳しい実践の報告は以下の文献にあるので、省略するが、ここで伝えたいことは、遊びという活動に主導的活動の異なる3世代がかかわり、それぞれに主導的活動の実践に手ごたえを得た事である。

＊金田利子「発達課題が相互に関わり合い響き合う、異世代による相互支援の可能性」　同「生涯発達理論と世代間交流—世代間交流の各世代への意義—」草野篤子・金田利子・間野百子・柿沼幸雄編著『世代間交流効果』pp.192-200、三学出版、2009

　幼児の主導的活動は「遊び」であるからまさにその活動に集中でき、幼児と遊ぶことで幼児について学んだ高校生はその主導的活動である「学習」に充実でき、3世代前の、昔の子どもであった高齢者は主導的活動である「省察労働（伝承）」の役割を果しえた。その社会的意味の自覚が育った。

　またこの実践的実験のコーディネーター役をした大学院生は「研修的生産労働」へいく前の「職業・学習活動」として、またその指導に当たった高校教員と大学教員は、まさに「創造的生産労働」という主導的活動を同時に満たすことができた。

　以下の写真と説明を参照されたい。

＜写真の説明＞

第1段階　高校生⇔高齢者①　地域の高齢者のグループとの出逢いと話し合い
　　　　　自分達くらいの年齢の時の生活や戦争のこと等について伺う。

第2段階　高校生⇔高齢者②　遊びの伝承
　　　　　高齢者の方々が子ども時代によくした遊びについて教えて頂く。

第3段階　高校生―幼児・遊び―高齢者　の3者の主導的活動の一致関係

　　　　高校生の主導的活動＝学習 、幼児の主導的活動＝遊び、

　　　　高齢者の主導的活動＝省察労働（昔取った杵柄を伝え社会に役立つ）

　　　　遊びを媒介に三者それぞれの主導的活動が満たされる。

第1段階

高校生　⟷　高齢者

第2段階

高校生　⟷　高齢者

　　　　伝承あそび

第3段階

高校生　⟷　高齢者

　　　　　あそび

　　　　幼児

　なお、この活動を支えてきた高校教員と大学院生修士論文の指導に当たってきた大学教員にとってはどちらも主導的活動が創造的生産労働であり、その活動と一致する。大学院生にとっても職業・学習活動の最後に当たり主導的活動

に一致する。ここには3世代を中心としつつ5世代が遊びを媒介に主導的活動同士を響き合わせているという事が見られた。

（2）幼児と高齢者が共に遊び学び合った事例—かつての生活様式を用いた労働的遊びにおける高齢者と子どもの相互交流

　もう1つの事例は、保育園において園児と高齢者の世代間交流を意識的に、このことは高齢者との交流を置いてあり得ないという仮説のもとに実践的に実験した研究（主藤・金田、2012）である。

　今子どもたちは文明の最も進んだところに生まれてきているために、日常的に食べているものの加工過程を知らない。例えば、釜戸に薪でご飯を炊いていた時は、「始めちょろちょろ中ぱっぱ」など炊けていく過程を想定できる。しかし、電気釜はすべてを器械がやってくれるので変化の過程が分からない。もっと見えにくいものに黄な粉がある。何からできているか、どのように加工するのかを知らない者は、子ども世代はもちろん実際に加工したりそれを観たりしてない世代には原材料や加工過程を知らずに食べているものがかなりいる。しかし、高齢世代は知っている。これを知っていると知らないとでは、同じ「美味しい」といっても、人と物との、また物と物との関連を知らずに食べているのでは味わいの豊かさが異なる。人類は、自らの生活を便利にするために機器を開発してきた。そして後から生まれたものほどその恩恵を受けている。しかし開発が進めば進むほどその原料や加工過程を知らずに使うことになり、いざ電気が止まれば何もできなくなるような問題のみならず、上で述べたような意味での内的豊かさもまた欠落していく。

　ではこれを、防ぐにはどうしたらよいか。そこで不可欠になるのがまさに遊びを主導的活動とする幼児と省察労働を主導的活動とする高齢者との世代間交流ではないか。

　現実生活の中で、ご飯を薪でたいたり黄な粉を大豆を炒って挽いたりして食する事は不可能である。しかし、幼児の「仕事」（主導的活動）は遊びであり、本来幼児はひがな一日を遊ぶことが求められており、この加工過程を遊びの中

で行えば、この過程を実践的に学ぶことができる。ここに遊びのジャンルの一つとして「労働的遊び」がある。

　これを教えられるのは誰か、高齢者しかいない。高齢者はとかくもはや世の中で役に立つことはないと考えてしまいがちであるがまさに社会的に登場できる不可欠な存在となる。

　このように考えて、実践してきた実践的実験法による研究がある。それは、筆者が学術振興会で科学研究費を取って、主藤久枝（2012）との共同で行った研究である。以下に紙幅の関係で概略のみ記す。

　すでに交流体験として高齢者と子どもとの関わりのある保育園の 5 歳児クラスで、ほぼ10人ほどの高齢者（70代前後）が「先生」になり、大豆の加工の労働的遊びを行った。

　実験 1 は黄な粉づくり、実験 2 は豆腐づくりである。

　大豆を炒って石臼で挽いて黄な粉を作り白玉団子につけて食べるというものと、大豆を一晩水につけて石臼で挽いて出た豆汁を煮立ててからしぼった豆乳を冷まし、にがりを入れて固めて豆腐を作るというものである。

　そこで見られたことは、黄な粉づくりでは、はじめ子どもは高齢者に関心を示さず、昔の道具（石臼）に目が行く。石臼に走り寄って豆を入れるが回らない。高齢者が一粒一粒ゆっくりと引くと、きれいな黄な粉が出てきた。そこから尊敬の目で高齢者をみる。また、子どもはいろいろな形で面白さを発見していた。豆と黄な粉をお皿に半分ずつ置いて、これがあれになったことを確認している子、ホーローで炒ることが面白くて集中したり、炒ることで出てくる匂いの香ばしさに驚いたり面白がったりがったりする子もおり，ものと物とのつながりを中心に多様な発見の姿が見られた。

　豆腐の方では、豆を挽くのが間に合わないのでフードプロセッサーも入れたが、ある子どもはその両方をじっと見ていた。両方が同じ働きをしていることを学び取った様子であった。このように知的好奇心も含め、物が変化して加工されていくプロセス自体に関心が行く姿も見られた。

　両方の実験を通して、世代間交流として見出されたことが 2 点ある。

　１点は、遊びと労働の交さである。子どもは始め遊びとしてかかわっており、大豆を踏んで歩いてもものともせずであったが、高齢者の真剣さを見て良いものを作ろうという目的意識が出て労働的になってきたが、高齢者は始め、しっかりしたものを作らなければそしてきちんと子どもに教示しなくてはという目的意識が中心で労働的であったが、子どもが楽しんでいるのに感化されてか、例えば挽いた豆を絞る時の棒にまたがって御馬ごっこを楽しむなど、遊び的になって行ったという事である。まさに交流による相互発達の姿だと言える（図２参照）。

　もう１点は、人（子ども）と人（高齢者）と物との３項関係の成立である。１歳前後に言葉の獲得やモノの道具性の獲得にも関連する３項関係とは異なるが、異世代を理解し合う際に必要となる３項関係である。子どもは始め人より物（器具）に関心が行き２項関係であったが、高齢者の技術が媒介となり子どもと物を介しての人の交流という３項関係が成立したことである（図３参照）。

　以上から子どもは労働的遊びを通して、ものの加工の流れを面白がりつつ、自身の中に血肉化し、高齢者は、子どもから学んで遊びを取り戻すとともに、一時代前の技術を伝えるという、他にはできない役割が期待されていること、言い換えれば今日自身の社会的責務が大きいことを新たに自覚することができるという事が分かった。

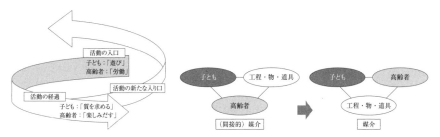

図２　子どもと高齢者の相互発展
　　　（主藤・金田、2012）

図３　世代間交流における３項関係の変容
　　　（主藤・金田、2012）

6．世代を超えた遊び心で地域の再生を

　以上のように、遊び心は世代を超えて子どもの時、子どもの本性として育ったものが生涯内包され、その時期の主導的活動の中にも潜在しており、状況によって取り出される。それを取り出していく地域づくりの中で、子ども心の豊かな地域にしていける展望も見えてくる。しかし、それには自由な精神を保てる自由な時間が必要ではないか。

　そのため、地域づくりと共に、働き方改革が一層働かなければならないような改革ではなく、競争主義の市場原理優先の社会構造を変えることと地域づくりとが車の両輪となって行かなければならないのではないかと提言したい。

文献

アーウイン・シンガー、鑢幹八郎訳（1976）心理療法鍵概念、誠信書房、p.75

麻生武（2007）「遊びって何？」 発達と教育の心理学—子どもは"ひと"の原点—、培風館、pp.51-94

エンゲルス、村井康男、村田陽一訳（1954）「家族」家族、私有財産および国家の起源、大月書店、pp.36-107

金田利子（2004）生活主体発達論—活動の特性から見た生涯発達過程論—生活主体発達論—生涯発達のパラドックス、三学出版、pp.2-51

金田利子（2006）保育の基本と人間関係　金田利子・斉藤政子編著　保育内容・人間関係、同文書院、pp.3-14

金田利子（2009）5．発達課題が相互に関わり合い響き合う、異世代による間接的発達支援の可能性　第14章　生涯発達理論と世代間交流：世代間交流の各世代への意義　草野篤子・金田利子・間野百子・柿沼幸雄編著　世代間交流効果、三学出版、pp.181-204

河崎道夫（1983）遊び自然史　同編著　子どものあそびと発達、ひとなる書房、pp.14-36

河崎道夫（1994）揺れ動くことと境界づくり「揺れ動くことと自分づくり」第Ⅲ章「遊ぶという事と発達—根源的意味を問い直す」同著『あそびのひみつ』、ひとなる書房、pp.197-240

ケーラー、宮孝一訳（1962）類人猿の知恵試験、岩波書店

増山均（2004）余暇・遊び・子どもの文化の権利と子どもの自由世界—子どもの権利条約31条論、青踏社

文部科学省（2008、2018）遊びを通して暮総合的な指導　幼稚園教育横領解説、2008年版 p.32、

2018年版 p.34、フレーベル館

尾関周二（1992）第 1 章　遊びの喪失（遊び論　その 1 ）、第 4 章　遊びの復権（遊び論その 2 ）遊びと生活の哲学―人間的豊かさと自己確証のために―（その 1 ）pp.27－67、（その 2 ）pp.163－192、大月書店

佐伯胖（2003）なぜ、今、幼・保・小の連携か―『子どもらしさ』の回復―幼児の教育　102巻11号、フレーベル館、pp.4－6

鈴木敏子（1978）1 家庭生活の機能、家庭生活の機能と現状　宮崎礼子・伊藤セツ編『家庭管理論』、有斐閣、pp.21－35

主藤久枝・金田利子（2012）第14章　生涯発達の視点から‐かつての生産様式を用いた労働的遊びにおける高齢者と子どもの相互交流―草野篤子・内田勇人・溝辺和成・吉津晶子編著　多様性を紡ぐ世代間交流、三学出版、pp.162－175

保育者の遊び心を考える

山路千華

　大人にとって「遊び」とは何であろうか。辞書で「遊び」を引くと「遊ぶこと」とある。さらに「遊ぶ」では「①（生活の手段としてではなく）自分のしたいと思う事をして、楽しみながら時間を過ごす。②仕事をしていない状態にある。③学芸を修めたり見聞を広めたりするために、他郷へ行く。」（山田、2012）の3つの意味が出てくる。

　筆者の授業で、履修する学生達に、「明日、遊びに行く」という時、どのようなシチュエーションを指すのかと問うと、「ランチをする」「テーマパークに行く」「買い物に行く」などの答えが多い。それらは、趣味で行うというよりも、多くの場合、現実（実習の準備や、試験の勉強や、授業の予習復習、等々）を一時忘れて楽しむために行うということである。つまり現実を頑張るためには、遊びが必要で、上の辞書の意味で言えば「②仕事をしていない状態にある」に近いとのことだ。学生に限らず、多くの大人はそうかもしれない。つまり、大人にとっての遊びは「労働の対価」であるともいえる。

　しかし、"保育者"という大人はどうだろうか。保育者という職業人は、「子どもたちと遊ぶ」ことを労働の主とし、いわば「遊ぶ」ことによって報酬を得るという稀有な仕事ともいえる。しかし、プライベートで保育者が一生活者として遊ぶ時に、園で子どもたちと遊ぶような遊びは行わない。この質の異なる「遊び」を、どう捉えたらよいのだろうか。本章では、保育者にとっての「遊び」を保育の場の様々な事例から考えてみたい。

1．保育者にとっての遊び

　保育者は、保育の中での遊びについて知識や経験が豊富だし、子どもにとっての遊びの重要性は重々認識している。しかし、前述したように、その遊びの質は、大人としての自分自身の遊びとは大きく異なるものである。そうだとすると、保育の中で子どもに経験させている遊びは、子どもを育てるために、子どもを「遊ばせている」ということになるのであろうか？

　ロイス・ホルツマン（2014）は、著書『遊ぶヴィゴツキー』の中で、「子どものように遊ぶ」とは、「どうやればよいか知らないことを行い」「自分で存り、かつ同時に自分ではない人物に成る」能力であると述べている。さらに、この「遊びに満ちた」「革命的なあり方」は、すべての人がモデルにできるにもかかわらず、多くの人が「そうであることを止めてしまう」とも書いている。「仕事と遊びは違う」「学習と遊びは違う」との価値観の中で「正しく振舞い」「良く見えることに集中する」中で、発達が止められてしまうと。遊びが楽しい時というのは一様に「どうやればよいか知らないこと」を行っている時であろう。それは、私たち大人もそうで、旅行もゼミも盛り上がっている時、事が推進している時、というのは、与えられた新しい知識を吸収してわかるようになる時ではなく、わからないことに向き合い、わかろうと試行錯誤し、クリエイティブに解決に向かおうと行動している時なのではないだろうか。ヴィゴツキーのいう「頭一つの背伸び」である。

　絵本『ラチとらいおん』（マレーク、1965）では、弱虫の少年ラチの前に現れた"小さな赤いらいおん"により成長する姿が描かれている。小さな赤いらいおんは、毎朝一緒に体操をしたり、相撲をとったりして、ラチを強くするべく手助けする。そして、ラチができなかったことに対して、時には励まし、時には見守りながら、ラチ自身が1人でできるようになるよう導いていく。しかし、何をするにも大事なのは、最終的に行動しているのはラチ自身であるという点だ。例えば、クレヨンを取りに行きたいが暗い部屋に入れないというラチを、

小さな赤いらいおんは、叱咤激励し暗い部屋まで一緒に行くが、クレヨンを取ってあげることはしない。暗い部屋に着いて、電気をつけるのも、クレヨンを取ってくるのも、ラチ自身である。これは拡大解釈になるかもしれないが、ヴィゴツキーの最近接発達領域と考えられるのではないか。「子どもが他者に助けられて今日できることが正確にわかれば、それによって、子どもが明日自分でするようになることもわかる」（2014）ということだ。その子どもにとっての最近接発達領域を見極める役割、つまり、小さな赤いらいおんの役割を保育者は果たしていく必要がある。そして、1人ひとり違う子どもの1人ひとり違う最近接発達領域を見極めて援助をするとき、子どもの発達への期待に「ゆとり」を持たせることが、保育者の遊び心なのではないだろうか。

2．保育者の願いと子どもの「遊び」の保証

　ラチの成長を支えた小さな赤いらいおんのように、子どもが、できないことができるようになる間、方向性を示したり見守ったりするものの、最終的に子ども自身が行動を選択し決断し行う、ということを保証しなければならない。1人ひとり違う、に対応するためには、保育者には許容量と同時に柔軟性が必要である。先に「遊ぶ」を辞書で引いたが「遊び」で引くと、「①遊ぶこと。②酒食やばくちにふけること。③機械の連動して動く部分に設ける、運動をゆるやかに起こさせるための余裕」（山田、2012）とある。この3番目の意味の「あそび」つまり余裕の幅をどう持つか、が保育者の遊び心の幅である。さらにいえば、運動するのは子ども自身であり、子ども自身が運動することを選択、決断しなければならない。決断したくてもしきれないその一歩を支えるのが、保育者の遊び心である。人の着る服を作る際にも型紙を作成する際に「あそび」の部分を作ることで、運動をゆるやかに起こさせることができる。猫のお腹にたるみがあるのも、猫の運動の際に柔軟性を持たせるための体の仕組みなのだそうだ。保育者が心に余裕を持つことで子どもの行動を許容し寄り添った支援ができるということの他に、幅に遊びがあるということは、子ども自身の行動

を起こさせることを保証するということでもある。

　さて、そこで、最近接発達領域に戻って考えてみると、保育者は、子どもたちとの日々の生活や保育の経験から「子どもが他者に助けられて今日できることが正確にわかれば、それによって、子どもが明日自分でするようになることもわか」っている。そこが、保育者が子どもの育ちを支えるプロである所以だ。しかし、子どもの発達をねらうあまり遊びに目的をもたせすぎてしまうことがある。

　そのことは、『遊びによる子どもの育つ地域環境作り』（小松 2018、2020）の研究結果からも垣間見られる。遊びの本質についての回答を見ると、保育者280名の内、139名（50%）の保育者が、ア「遊びは、子どもにとって生活そのものである」と回答している。さらに、71名（25%）が、ウ「遊びは、おもしろさを追求する中で自己実現を図る自主的な活動である」と回答。そして47名（17%）の保育者は、イ「遊びは、社会性、知能、運動能力などを発達させることをねらうものである」と回答している。幼稚園教育要領や同解説には、遊びは幼児にとって生活そのものと書かれてもいるが、遊びの目的として、何らかの成果をねらうものではなく、遊ぶことそのものが目的であるべきことも書かれている。遊びの本質を理解しなければならない保育者には、本来的には「ウ」を選択してもらいたいところだが、イを選択した17%の気持ちも理解できる。実際にアンケートの記述欄を見ると、選択肢の向こう側に、遊びを通して育つ子どもの姿についての言及が多く見られる。イを選択しながら、遊びで発達する子どもの自己肯定感や心の解放感について書いている回答もあれば、ウを選択しながら、運動機能の育ちについて力説している回答もある。迷った挙句、複数を選択している回答者も散見された。その迷いは発達を理解し、長いスパンで子どもの育ちを予想できる保育者だからこそ生じるものであると思う。保育者は常に、子どもに何かを得させようとあくせく要らぬ努力を強いてしまうことがある。一方で、ただただ楽しく嬉しく遊ぶその機会を保証してあげたいと思いつつ、日々の保育の中で保育活動に何らかのねらいをもって展開しなければならない現実との狭間で、遊びをどうとらえるのかという問いと戦い続け

ている存在でもあると思うのだ。また、O市の回答では、初任者と勤続年数6年〜11年の中堅保育者が、イ「発達させることをねらう」とウ「自主的な活動」が同等程度で、12年以上のベテランは、ウ「自主的な活動」が多くなるという結果が得られている。経験年数を重ねると、遊びの本質への理解が深まるが、勤続年数2年〜5年の保育者は、イ「発達させることをねらう」の回答が、ウ「自主的な活動」の回答を上回る結果となっているのは、興味深い。勤続年数2年〜5年というのは、仕事の全体をある程度、見まわせる目をもってきて責任感を実体験として背負うようになるといういわば保育者としての成長期のような段階であろう。保育者として「〜ねばならない」と「〜してみよう」との間で葛藤を多く抱える時期ともいえる。「〜ねばならない」が強まれば、イ「発達させることをねらう」に傾くだろうし、一方で、それまで盲目的に従ってきた仕事のルーティンに疑問をさしはさむ視野の広がりも出てくると「〜してみよう」が生まれ、回答も変わってくるのだ。

　いずれにしても、保育者は常に「発達を促したい欲」と発達を待つ時間との狭間で葛藤がある職業ということができるだろう。

3．遊び心のある援助とは

　子どもとの日々の中で、同じ事柄でも保育者によって対応が違うのは当然であるが、保育の中で保育者の対応に遊び心を感じる場面は多く見られる。先述したように、保育者の遊び心とは、子どもの発達への期待に「ゆとり」を持たせることであるとすれば、それはどういった対応だろうか。3人の保育者の保育実践事例から考えていく。

　1つ目の事例は、白梅幼稚園での保育場面（金田、2014）からである。3歳児クラスの子どもたちが室内から外へ出た際、靴が片方だけテラスに落ちていた。A保育者は「片づけやりっぱなしのぱなしさん」という表現を使って、わらべうた風に子どもに問いかけている。周りにいる子どもも「しらなーい。しーらんぺったんゴリラのあほうどり」などとわらべうた風に返答している。片付

けがきちんと完了できるようになることへの期待は、保育者なら当然持つ期待である。しかしこのＡ保育者は、「靴、片方ちゃんとしまえていないじゃない」の代わりに、即興性の強いわらべうたに乗せて「やりっぱなしのぱなしさん」に向けて、その期待を伝えようとしている。しかも、靴の落とし主ではない子どもの反応を、わらべうたで受けながら、という何重もの"余計なステップ"を踏んでいるのだ。「片づけやりっぱなしのぱなしさんなんですけど、これどなたのでしょう」というＡ保育者の"余計なこと"いっぱいの問いかけにより、靴の落とし主の子どもは気持ちよく自分の靴であることを名乗り出ることができ、そして、Ａ保育者も、「あら」とゆとりのある対応をしている。わらべうたやコミカルな呼び方など、終始、遊び心が感じられる保育の一場面である。

　２つ目の事例は、筆者が保育者として新任の時に衝撃を受けた保育の場面からである。その日の保育活動は、前の週に動物園へ遠足に行って見てきた動物の絵を描く活動であった。大きな真っ白い画用紙に、動物園で見た中で自分の好きな動物を選んで描かせる訳だが、描画活動は子どもにとって好き嫌いの分かれる活動でもある。絵が不得意な子どもは描く動物もなかなか決まらず、やっと決まっても画面の隅っこに小さく描くのみだ。一生懸命描いたことを誉め「空いているところに大きいのも描いてみようか？」と促す。大きな画用紙いっぱいに大きな顔を描いた大胆な子どもには、新しい画用紙を渡し「今度はお身体も入れて描いてみてね」と促す。悪戦苦闘している私を見かねたベテランの副担任が、なぜか突然、Ｂ保育者の描画活動を見ておいで、と言ってくれた。

　Ｂ保育者のクラスの子どもたちは生き生きと絵を描いていた。画用紙いっぱいに顔を描いてしまった子どもへＢ保育者は「わー。大きく描いたね。それじゃあ身体も大きいね。」と、なんと新しい画用紙を顔の横に４枚も付け足して特大画用紙にして渡すと、子どもは特大画用紙の端を引きずりながらスキップで自席に戻って続きを描き出した。画用紙の隅に小さく描いた子どもには「あら、可愛らしいこと。」と言いながらサラサラと周りをハサミで切ってひとつの作品にしてしまった。子どもは、「ちっちゃいから、どうやって飾る？」と掲示の仕方を相談し始めた。子どもの絵に対応するＢ保育者の"余計な手間"に

より、子どもの絵は生き生きと動き出し、子ども自身は、描画活動を楽しみ作品を完成させていた。

　保育とは、実にクリエイティブな営みである。保育者のクリエイティブな発想は、保育者自身が、その時を "子ども心" と一緒に楽しんでいる時にこそ生み出される "保育者の遊び心" と言えるのではないだろうか。そして、そんな "保育者の遊び心" が "子ども心" との同調に失敗することもあるのだ。それが 3 つ目の事例である。

　その日はとても天気の良い春の日で、お弁当を園庭の芝生の上で食べることになった。1 人の女児が C 保育者に「けんちゃん、どこにいるかな？」と聞くと、聞かれた C 保育者は何事もなかったように「食べちゃったよ」と答える。女児は、C 保育者が何か勘違いをしていると思い、「けんちゃんだよ」と言い直すが、またしても C 保育者は「食べちゃったよ」と答える。女児が「けんちゃんだってば！」と怒り出したが、C 保育者は平然として、「食べちゃったから、出してあげようか？」と言い、自身の口の下に手のひらを持っていき口を開けたまま顔だけを後ろに引くと、なんと手のひらの上に、小さいけんちゃんが現れたのだ。要は、保育者の後方に、けんちゃんはずっと居たのだが、その遠近感を利用して女児の場所から見ると C 保育者の手のひらにけんちゃんが乗るような仕掛けを作り出したわけである。仕掛けが分かるまでの女児の顔は不信感に満ちていたが、仕掛けがわかって少しホッとしたようだった。しかし、気味悪そうな顔はそのまま、C 保育者には何も言わずに女児はけんちゃんのところへ走って行ってしまった。喜んだのは、その女児の周りにいて顛末を見ていた数人の子どもたちである。そういった保育者の "余計な仕掛け" に同調できる子どももいれば、聞いた女児のようにまともに受け取ってその面白さに共感できない子どももいる。そういう意味で、遊び心と、いたずらの境は曖昧で、"いたずら" は時に "悪ふざけ" と解されてしまうことがある。

　これらの 3 つの事例では "余計な" という言葉を使ったが、このように「ゆとり」というのは、まさに「機械の連動して動く部分に設ける、運動をゆるやかに起こさせるための余裕」であり、「あそび」であるのだ。

4．保育者が "遊び心" を忘れてしまう時

　世界的に活躍するジャズピアニストの山下洋輔は、小さいころに家にあった
ピアノを遊び弾きしていたという。その遊び弾きの中には、肘から先でたくさ
んの鍵盤を一度に抑えガチャンと鳴らすようなものもあり、その多くの音の重
なるメロディラインのわからない「ガチャン」という音を山下少年は気に入っ
ていたのだそうだ。ある日、聞き覚えた（所謂、耳コピ）曲を山下少年が弾い
ていると、ピアノの教師だった母親が大変喜び、「あなたが今弾いているのは、
この曲よ」と、バイエルの楽譜を出され「さあ、一緒にお勉強しましょう」と
言われた瞬間に、楽しかったピアノが「とても嫌なこと」に変わってしまった
のだそうだ。(NHK 2019)

　保育の中で、子どもたちの主体的な遊びを保証するのが保育者にとっては大
事な仕事だが、しばしば「遊びが遊びでなくなる」罠にはまってしまうことが
ある。罠にはまるのは、子ども達なのかもしれないが、保育者の子ども達への
期待や成長への欲が、保育者という大人を罠に陥れるのだろうと筆者は考えて
いるため、あえてここは、保育者が罠にはまるという表現をしてみよう。

　ある日、公園でタイヤ跳びをして遊んでいる子どもたちの様子を見ていたD
保育者は、跳び箱が苦手なEちゃんもこれで練習すれば跳べるようになるか
もしれないと、Eちゃんや他の子どもたちにも呼びかけて、どんどんタイヤ跳
びをさせて遊ばせていた。その内、子どもたちは疲れてきたり飽きてきたりし
て、しまいには「これ終わったら、遊んできても良い？」と尋ねられ、D保育
者は大変に反省したというエピソードを聞いた。この事例などは、遊びが遊び
でなくなってしまった最たるものであろう。保育者の願いはあくまでも子ども
の "遊びたい気持ち" という土台の上になくてはならないのだ。保育者は日々、
活動計画や行事の中で少なからず子どもたちに求めてしまうものがある。しか
し、遊びの中で何らかの目的を持った瞬間、それは子どもの主体的な遊びの保
証からはずれてしまう危険性を孕んでいるということを肝に銘じておかねばな

らないだろう。

　右の図 1 の写真は、「草に置かれた子ど
もの長靴」を捉えた 1 枚である。実はこの
写真は、5 歳の子ども F くんが撮影した
ものである。小さな里山での戸外活動の際、
撮影した F くんの 3 歳の弟が小川に入る
ために脱ぎ捨てた長靴をアップで撮影して
いる（山路 2018）。この戸外活動の時、筆
者が記録用に持っていたデジタルカメラを、

図 1　弟の長靴

この 5 歳の機械好きの F くんが貸してほしいと言い、つい貸してしまった。
彼はついにその日一日、そのカメラを返してくれず、ずっと撮影を続けていた
のだ。迎えにきた母親が、その様子を見て「せっかく森の中に来たのにカメラ
で遊んでばかりで何しているの」と叱った。これは母親ならずとも筆者を含め、
その場にいた保育者全員が感じていたことであった。母親に叱られ、彼はしぶ
しぶカメラを返してくれたが、筆者は帰宅し写真を整理しようとデータを見た
ところ、200 枚以上の写真に辟易としたものである。まさに、自然の中で“もっ
たいない”行動である。しかし、彼が撮影した数々の写真を見て、その考えは
間違っていたことを思い知らされることとなった。

　せっかく森の中に来たのだからこそできる遊びがあると大人は思う。それは
例えば、小川の中で水や生き物と触れ合ったり、森の空気を感じたりすること
だ。カメラという文明の利器をいじっていては、それが成立しないように感じ
てしまうが、先ほどの長靴も含め彼が撮影した植物や人や物は、全て彼の目線
に近く、彼が見ているものが正直に写真に納まっている。

　図 2 の友達の頭と同じ高さで 1 列に歩いている写真からは、友だちの頭や背
中越しに見ている自然や遊びの風景が写されている。ザリガニを採った友だち
の手を写した図 3 の写真は、肝心のザリガニはフレームから一部外れてしまっ
ているものの、ザリガニを見せている子どもの自慢気な笑顔や、「すごい、す
ごい」「見せて、見せて」とザリガニをのぞく興味津々子どもたちの顔まで

もが映り込んでいるような臨場感がある。

図2　友達の後ろから

図3　ザリガニ採り

　最も筆者が反省させられた写真は、筆者のお尻から背中に背負った荷物を見上げて写されているものである。彼の取った写真は、友だちは目線が水平に合う高さで撮影されているが、大人はほぼ下から見上げる角度で撮られている。保育者は、子どもと目線を合わせるためにしゃがんでいるつもりでいるが、もしかしたら子どもは、大人のお尻を見上げていることの方が多いのかもしれない。さらに、その写真の次に収められていたのが、図4の飛行機雲の写真である。大きな大人を見上げる向こうには空が広がっているのだ。果たして忙しい保育者は、どれだけ空を見上げているだろうか。筆者は、この子どもたちと一

図4　青空と飛行機雲

日同じ場所に一緒にいたのに、この飛行機雲にまったく気が付かなかった。「せっかく森の中に来てカメラで遊んでばかり」なのは、決してもったいない遊びではなく、まさに、子ども心がとらえた遊び心を大人に教えてくれた貴重な経験であった。

5．まとめとして

　2017年の『遊びによる子どもの育つ地域環境づくり』の研究協力者である O 市民間保育園協会の当時の会長である園長が、インタビュー取材の中で遊び心についてこんなことを言っている（齋藤、2018）。「保育士の仕事が敬遠される理由の一つに保護者対応があると言われ、確かに、保育士に対して厳しい目を注ぐ保護者もいる。生活にも気持ちにも余裕がないことが多いので、保護者の遊び心も育つと、もう少し保育士にも優しくなるだろうし、保育士も伸び伸びと仕事ができるのですが…」これは園長としての本音であろう。この研究会では『遊びによる子どもの育つ地域環境作り』をテーマにしてきたが、子どもの育ちに関わる保育者の仕事においても"遊び心"で働き方改革は進みそうである。

　これからの社会は、大人にも子どもにも、「遊んでばっかりいないで勉強（仕事）しなさい」という言葉から「いっぱい遊んで勉強（仕事）しなさい」と伝えあえるコミュニティーを目指すことが肝要ではないだろうか。

文献

金田利子、小松歩、松本園子、高田文子、霜出博子、西井宏之（2014）幼児期の保育体験の生涯発達における遊び心の形成に及ぼす効果②―その後への影響要因、久保田浩の三層構造を続けてきた S 大学附属幼稚園における保育体験の分析―日本保育学会第67回大会、p.51

小松歩、金田利子、瀧口優、山路千華（2018）遊びによる子どもの育つ地域環境作りⅢ―子育て支援関係者・保育者の遊び観に関する調査研究から　日本保育学会第71回大会 p.423

小松渉、金田利子、瀧口優、山路千華（2020）遊びによる子どもの育つ地域環境作りⅤ―東京都下における保育者の遊び観に関する調査研究から　日本保育学会第72回大会 pp.449－450

ロイス・ホルツマン著、茂呂雄二訳（2014）遊ぶヴィゴツキー　生成の心理学へ、新曜社、p.iii－iv

マレーク・ベロニカ文・絵、徳永康元訳（1965）ラチとらいおん、福音館書店

naoc あおぞうきっず　森のようちえん　(有) エム・アール・ピー、撮影日：2017年 5 月 6 日

NHK　SWICH インタビュー達人達　山下洋輔×養老孟司、2019年6月22日放送

齋藤好子（社会福祉法人豊心会すみれ保育園園長）談話（取材当時の小山市私立保育園協議会会長）、
　　取材担当　山路千華、2018年4月24日

ヴィゴツキー著、土井捷三・神谷栄司訳（2014）「発達の最近接領域」の理論―教授・学習過
　　程におけるて子どもの発達、三学出版、p.65

山路千華（2018）保育内容「環境」における地域との関わりについての一考察―地域の環境
　　素材を活かした取り組み―白鷗大学教育学部論集第12巻2号

山田忠雄他編著（2012）新明解国語辞典第7版、三省堂、pp.25－26

第4章
親の遊び心を考える―言葉とメディアの狭間で

瀧口　優

はじめに

　子どもの最も身近にいるのは親である。とりわけ乳幼児期においては親の存在が大きいことは言うまでもない。親たちは自分の過去の生き方の中で遊びと付き合い、遊びを通じて様々な学びを体験してきている。親たちは遊びのことをどのように捉えているのだろうか。自分たちが育った時代に比べて遊びに対する考え方や遊びを取り巻く環境は大きく変化してきており、メディアの発達が親の対応を難しくしている。

　遊びについての調査では、ほとんどの保護者が遊びの必要性を認識し、多くの保護者が「遊びは子どもの生活そのもの」と理解している。一方で「社会性を身につけるもの」「自己実現の場」と考える保護者も少なくない。「欲求を解放するもの」という選択肢については少なくなっているが、それでも1割弱がそうした理解を行っている（瀧口他、2019）。

　ここでは親の遊びについての理解を踏まえて、親のあそび心について考えてみたい。とりわけテレビや新聞などの従来のメディアから、インターネットの発達によって情報が大量に手に入る現在のメディア状況、とりわけいつでもどこでも手元で情報が入手できる時代に生きる保護者たちにとって、遊びや遊び心をどのように捉えていったら良いのか、どう実践したら良いのかなどについて考えてみたい。

1. 親にとっての遊び心をどうとらえるか

　保育者や教師にとっての遊び心については別のところで触れられるので、ここでは親にとっての遊び心について考えたい。そもそも遊び心とは何か。国立国会図書館で「遊び心」を検索すると1000を越える著作物がヒットする。しかしその多くが経済や住宅、環境、文化などであり、子育てや教育についての論文は少ない。特に保護者の遊び心をタイトルとして論述されているものは皆無である。そこで親にとっての遊び心についてあらためて考えてみたい。

　「遊び心」という言葉の響きは、何かものを行うにあたって100％の力を使わずにゆとりを持って取り組むというイメージがある。実際に辞書では、①音楽を好む心（これは古典の『栄華物語』に出てくる表現からとっている）、②遊びたい気持ち、また遊び半分の気持ち（広辞苑・岩波書店）や③ゆとりやしゃれけのある心とあり、ここでイメージされる「遊び心」は②の「遊びたい気持ち」もしくは③の「ゆとりやしゃれけ」に相当するものと考えられる。そうだとすれば、「親にとっての遊び心」は「親が持っている遊びたい気持ち」あるいは「親が持っている子育てに関するゆとりやしゃれけの心」という事になる。

　「遊びたい気持ち」という点については特に注釈はしないが、子どもの頃からの遊びへのかかわりの気持ちである。残念ながら今の親の世代でも、小さい頃からしっかりと遊んだという経験が少なくなっている。そのことが親としての遊びへの幅を狭め、子どもと遊べなくなっているという状況を生み出しているとも言える。

　一方「ゆとりやしゃれけのあるこころ」という点では少し解説が必要である。「洒落っけ」を和英辞書では「playful mood」あるいは「humor」、「bent of witticism」と表現しており、「ユーモア」なども視野に入ってくる。フランス語では「遊び心」のことを Sens de l'humour（ユーモアのセンス）とか Un sentiment de plaisir（楽しみの心）と言うようである（スタンダード仏和）。フランス語にも「ユーモア」という言葉が登場するが、日本語の「遊び心」は

sense of humour（人間味ある感覚）、もしくは humorous mind（人間味あふれた
こころ）に近いように思われる。

　では子育てに関する「ゆとり」や「しゃれけ（洒落っ気）」とは何か。「子育
てに関するゆとり」は目の前の子どもの動きや言動に対して、すぐに判断せず
に見守ることということになる。「しゃれけ」については「気の利いた言動で、
周囲の人を驚かせたり笑わせたりしようとする気持ち」（大辞泉）という辞書
の定義から考えると「子育てに関するしゃれけ」とは、子どもを驚かせたり笑
わせたりする気持ちということになるのだろう。まとめると「親の子育てにつ
いての遊び心は、子育てに対して、子どもの日常の言動や行動をゆったりと見
守り、子どもを知的に驚かせたり笑わせたりする心」ということであろう。

　以上親の「遊び心」を「遊びたい気持ち」と「ゆとりや洒落っ気のあるここ
ろ」とすれば、親の遊び心を決めるのはどのようなことになるのだろうか。「遊
びたい気持ち」という視点から考えると、親がどれだけ遊びに対して真剣に取
り組めるか、楽しめるかということになるのだろうか。小さい頃から十分に遊
んでいない親世代にとって、「遊びたい気持ち」自体が分らなくなってきてい
るという心配もある。一方「ゆとりやしゃれけのあるこころ」という点では子
どもへの言葉かけにその気持ちが表れる。

2．親の言葉かけと遊び心

(1) 親の言葉かけの現状と子どもの姿

　幼児教育の場では子どもをほめることが重要な意味を持つ。しかし就学後の
世界は、子どもたちにとってほめられるのは成績が良かったり、何かが人より
できたりという場面が圧倒的に多くなってくる。子どもたちも褒められるため
には何かができたということを示さないといけないという想いが強くなってく
る。ゆっくりでもいいから自分のペースでやることはマイナスの評価になって
しまうという現状がある。

　子どものことを思わない親はいない。とりわけ母親は自分が産んだという思いがある。しかしそれだけに思うように子育てができないと虐待や暴力につながってしまう心配がある。現代の親たちは生まれてから既に遊びがゲームやパソコンとともに行われていた世代である。外で体を使ってあそぶということが環境的にもしづらくなって、コミュニケーションを深めるような場が失われている。その親たちが自分の子どもを前にして適切に言葉かけをするのは、相当の訓練が必要なのではないか。

　しかしメディアや近隣の付き合い、孤立の中で自己責任が重くのしかかり、子どもの自由な発想についていけない親も少なくない。

(2) 親の言葉がけの何が課題

　親が子どもに言葉をかける場合、その多くは子どもの健全な発達を願ってのものであり、子どもをおとしめようとするものではない。しかし現実的には子どもへの体罰にしても虐待にしても、子どもの健全な発達を願っているとは到底思われない。なぜそのような乖離がおこるのだろうか。

　虐待をおこなった親たちの言葉の中に、自分が小さいころ受けた親の仕打ちが自分の中でもよみがえり、結局同じように虐待してしまうというケースもあれば、自分の言うことを聞くはずだった子どもが反抗したり抵抗したりする中で、敵対心まで持つようになってしまったというケースもある。いずれにしても大人自身が健全な発達をしていないことによるものである。親から適切な言葉かけがされていない親は、やはり自分の子どもに対しても適切な言葉かけができないでいる。そして最後にたどり着くのが「力」による服従をもとめることである。

　力には物理的なものもあれば精神的なもの、そして経済的なものから性的なものまで広がっていく。力によって求められた服従は決して納得されたものではない。いつか別の形に転化していくことになる。

（3） 親の遊び心と言葉かけの関係

　「遊び心」を持つには「心のゆとり」と「人間発達」や「社会進歩」への信頼が必要であるとした。また心のゆとりを持つためには、周りの言動に振り回されない自立心が必要である。この社会は常に競走を強いることがあるが、相手との比較で生きるのでは常に不安定になる。

　「人間発達」や「社会進歩」への信頼を持つためには、何よりも人間への信頼が必要であり、人間への信頼は正しい知識と多くの人間に接することで育まれる。東京都小平市及び品川区の小学生の保護者への調査で、人間は信頼できるものかどうかを尋ねたものがある。「信頼できる」という回答を寄せたグループは、日常的に人との付き合いが多く、「信頼できない」という回答が強かったグループは日常的な付き合いが 5 人以下という傾向が出された（草野・瀧口眞、2009、瀧口・森山、2009）。付き合いの深さとして、ものを借りたり貸したりする関係を持っている人は人間を「信頼できる」とこたえ、あまり関係を持っていないという人は「信頼できない」という割合が高かった（草野他、2011、森山他、2011）。

　また保育者になるための学習は、人間の発達に関する本質の学習であり、理想である。子どもの権利条約がそのまま生かされる場でもある。言葉の発達、体の発達、心の発達、人間関係の発達、感性の発達、いずれも理想の追求である。本来ならば親たちが最も学ぶべき内容であろう。保育者が子どもの対応にゆとりを持てるのは子どもの発達についての学習があり、子どもの行動や言動が見通せるからである。

　白梅学園短期大学の2019年度ゼミナール発表会で「戦争」をテーマに東京大空襲の体験者の話を聞き、小学生から大学生までのアンケートを取った様子が報告された。その共通した質問項目が「世界から戦争はなくなると思いますか」である。「いいえ」と否定的な回答をした割合は、小学校 6 年生で41.3%、中学校 3 年で58.6%、高校 3 年生で73.3%と学年が上がるに従って増加の一途であるが、短大 2 年生は11.6%と激減する。ほとんどが保育者を目指し、卒業後

には幼稚園や保育園で子どもたちの成長を励ます彼女たち彼らにとって、戦争を行うということは「想定外」になっている。もちろん１割強の学生は戦争への懸念を持っているわけであり、発達がわかったとしても現実の世界への不安が存在していることも事実である。

3．子どもの言葉の発達とメディアの問題

(1) 子どもにとってメディアが与えている影響

　メディアには、テレビなどのように一方的に情報が流されてくるものもあれば、スマートフォンなどのように情報のやりとりを行うものもある。1970年代以降ほとんど全ての家庭にテレビが配置され、その影響力が問題になった時期には、メディアの問題と言えばテレビの問題であった。しかし21世紀をむかえて、携帯電話やスマホなどが登場し、双方向のコミュニケーションツールが個人レベルで登場することになり、大きな変化となっている。

　新しいコミュニケーションツールは大人よりも子どもの方が先に進んでおり、大人が制御できないものになっていることが大きな問題であると同時に、新たな対応方法を考えなければならないことになっている。子どもにとっては子どもの年齢が小さければ小さいほど新しい情報と技術が前提となり、若者でも着いていけない状態も引き起こされる。ベネッセ教育総合研究所の調査（日本子ども資料年鑑、2020p.17）に寄れば、０歳から６歳のスマートフォンを使い始めた年齢（2017年度）は３歳児が０歳児の時が7.0％、２歳児が０歳児の時が14.6％、１歳児が０歳児の時が32.0％、０歳児で35.1％と加速的に増えている。この影響がどのように出てくるのであろうか。

　コミュニケーションは直接顔と顔を合せて行うことが原則である。その立場からすれば、便利に見えるメディアはあくまでも間接的なコミュニケーションツールであり、直接が不可能なときの代替えである。しかし現状では代替えが主となって、直接コミュニケーションをとることが従となってきているのが実

情である。メールを一方的に送ればそれでコミュニケーションが成り立っていると勘違いする若者も少なくない。コミュニケーションは往復のやりとりがあって初めて「意思疎通」になるのである。

(2) 家庭の中での親とメディア

　子どものメディアへの対応の進歩に反して、親たちは家庭の中で十分な情報や技術も持たずに子どもとの対応を迫られている。子どもたちが当たり前につながっている Line に加わることさえ子どもに教えてもらわなければならないという事態が日常化しているのである。もちろん、昔の親に比べれば今の親はそうしたメディアをはるかに使いこなしているが、それでも子どもの進歩に比べれば限界がある。

　またメディアから流される情報は実にばらばらであり、その中から何が正しいのかは親が学習を通して自分の頭で考えなければならない。そのゆとりがないとメディアから流された情報によって右往左往し、結果として子どもの発達を阻害する原因ともなる。こうした中で遊びを楽しむこころを身につけ、それを集団を通して発展させることは極めて困難な作業である。

(3) メディアの発達と遊び心

　メディアは経営の対象である。したがって利益をもたらすことが前提となっている。市民が十分に理解して使いこなすことを避け、より複雑にしていくことが利益につながるということで、分厚いマニュアルが添付されることになる。しかも会社ごとに違い、新しいバージョンになるとまたあらたなマニュアルが必要となってくる。こうしたメディアを遊び心をもって使うにはあまりにも複雑すぎるが、少しでも理解を深めてメディアの発達に伴走したい。そのためにはメーカーや行政に「わからない」ということを表明し、丁寧な説明を求めることであろう。

　なお子どもたちは大人の状況に反して創造的に機器を活用する能力を持っている。子どもたちとともに、こうした創造的な活用方法について出し合うこと

も「遊び心」を豊かにしていく力になる。

4．親の遊び心についての提言

(1) 親自身が「遊びを楽しむこころ」を持つこと

　子どもの「遊びを楽しむこころ」を育てるためには、親自身が遊びを楽しみ、その楽しみを子どもたちに伝えたり、子どもたちと共に楽しむという事が求められる。残念ながら日本の公園では「ボール遊びをするな」「大きな声を出すな」というような看板が立ちはじめ、都会では子どもたちとともに親が心置きなく遊べる環境が失われつつある。2018年の調査で親から出されている声には「怒り」さえ含まれている。曰く「子どもを大切にしない社会、公園の意味なし、自由を奪われた子ども、自分勝手な大人」とか「子どもに小さい声で遊ぶのは難しいので他の公園に行く」というように。

(2) 子どもの発達についての正しい理解を

　保育者になる学生は子どもの発達について学ぶ機会があるが、多くの学生達はそうした機会を持たずに大人になっていく。結婚してもそうした機会は保障されず、妊娠して保健所に届けるところから公的な支援がはじまるわけである。しかし多くの場合は保健的な支援であって、人間の発達についての理解やつながりについては本人の行動に任される。国によっては妊娠を届けたところから同時期に妊娠した家族の集まりを組織していくところもある。子どもが大きくなるまで同じ課題を考えることができ、長い付き合いになるという。

　子どもの発達の理解については乳幼児期だけの問題ではない。児童期、青年期あるいは大人になってからも続くものである。人間が一生発達し続けるという観点（金田、第2章）から考えると、「子ども」の理解はずっと関わってくるものである。かつては大家族や地域社会の中でこうした知識が補われてきたが、孤立した家族関係の中ではすべてが親、とりわけ母親の責任として押しつけら

れる。男性の育児休業が話題になっているが単なる休業だけでなく、子どもの発達や子育て、あるいは地域づくりについて男性が学んでいく機会が保障されなければならない。

　以上を踏まえると学生時代からの学びを含めて、人間の発達についての学びの場がずっと保障されることが必要になってきている。多文化共生の時代はそれが世界を視野に入れたものとならなければならない。

(3) 充足感が作り出す遊び心

　遊び心は切羽詰まった状況では発揮できない。精神的ゆとり、物理的ゆとり、そして経済的なゆとりが充足されているときに発揮されるものである。「ゆとりやしゃれけのあるこころ」は基本的に「言葉」を通して発揮されるものであり、そこに係わるのがユーモアである。厳密に言えばユーモアは演説や文学の中で発揮されることが多く、充足感に直接結びつかないこともある。しかし一般的には、心や体が充足されて、初めてその場をよりよい雰囲気にしていこうという思いが持てるのであるから、ユーモアも遊び心に含まれる。

　ただ現実の社会はなかなか充足感をもって生活するのは難しい。そのことが地域社会においてもユーモアよりも敵対心をつくり出し、抜き差しならぬ人間関係になってしまうことがある。そういう意味で常にものの見方や人の見方をプラス思考にしておく必要がある。

(4) 正しい理解がつくり出す親の「遊び心」

　子どもの発達についてはもちろんであるが、正しい知識をもってはじめてユーモアを発揮することができる。正しい理解をするにはどうしたらよいか、それは知識を多元的にとらえることである。常に別の捉え方があり、その対立が新しい知識を生み出していく。そうして手に入れた知識は自分にとって信頼できるものであって、だからこそその知識を背景にユーモアを発揮することができる。正しいと思うからこそ遊び心も安心して出せるのである。

(5) 日常生活でのゆとりと自分らしさをもつこと

　親の遊び心に戻ろう。親が遊び心を持つためには、子どもの発達の理解、社会の理解、学校の理解が必要になる。子どもの発達については家庭科など一部の学科を除けばほとんど学ぶ機会がなく、社会の理解については、小学校から高校まで職場体験などを除くとほとんど現実と触れないで過ごしてしまうことによってこれもまた対処の仕方がわからない。新聞を定期的に読む家庭も減少しており、学校についても変化が早くて、自分の学校時代の経験がまったく役に立たない中で子どもの対応をしなければならない。親が子どもの発達や社会、学校の理解を深めることのできる場が求められている。そうすることによって自分らしさを取り戻すことができるのではないか。

　保護者へのアンケートの結果で、「夜間就労、介護、疾病、独居等 … 大人の世界に閉塞感をかかえる問題が山積している状況が伺え、子どもの騒がしい音を許容する余裕がなくなっているような気持ちになります」に象徴されるように、日常生活が人々の余裕を奪っている状況の中で、山積する問題を1つずつ乗り越えるために連帯することが求められているのではないか。

5．まとめとして

(1) 親の遊び心を奪う文化

　現在親を取り巻く環境は極めて厳しく、生活の保障をされないまま「自己責任」が問われてしまう。子どもは親の所有物という考え方がどこかにあり、子どもに問題があれば親の責任が問われる。ウイルス問題で学校が休校になり、公園であそんでいた子どもたちを地域の大人が叱ったという記事が載っていたが社会問題まで親の責任にされてしまうのである。

　親の遊び心に関わって考えなければならないのは、「親の自己肯定感」である。「自己肯定感は、乳児期での母性的な養育と、幼児期以降の自律と受容のバラ

ンスの取れた養育、児童期での家族を安全基地としたチャレンジ体験と自己評価を通して少しずつ形成され、青年期にほぼその基盤ができあがる」（首藤敏元2007）とあるように、長い時間をかけて形成される。それだけに一朝一夕で身につくものではない。

(2) 保護者の遊び心を育てる文化―子どもの権利条約を視野に入れて

　子どもは社会のものである。親がもっとも身近であることは確かであるが、やがて国や地域を支えていく子どもたちをみんなで育てようという発想が必要である。世界は「子どもの権利条約」をもとにみんなで子どもを育てるという方向でいるが、日本では子どもたちにも親たちにも子どもの権利条約が届けられていない。児童福祉法の第一条に「子どもの権利条約」が位置付いたのは2016年、ほんの4年前である。しかし保育指針にはまだ「子どもの権利条約」は書き込まれていない。幼稚園教育要領や学習指導要領にいたってはまったく視野に入っていない。子育てを楽しんでいる親を見ると、子どもを信頼して子どもに考えさせ、失敗してもその中から次の目標を見出していくことを確信している。「子どもの権利条約」は大人が子どもと対等に話しあいながらお互いの成長を保障していく手がかりになるものである。

　「子どもの権利条約」が社会に行き渡ったとき、子どもを柱にしたあらたな文化が生まれる。そして「遊び心」を持った教育や子育てを行っていくための文化を、どのように育てていくのかが問われている。

文献

エリコニン（天野幸子・伊集院俊隆訳）（2002）遊びの心理学、新読書社

草野篤子・瀧口眞央・吉村季織・瀧口優・森山千賀子（2011）コミュニティづくりとソーシャル・キャピタル　白梅学園大学・短期大学教育福祉研究センター年報No.16

草野篤子・瀧口眞央（2009）人間への信頼とソーシャル・キャピタル　白梅学園大学・短期大学紀要45号

首藤敏元（2007）親であるということを楽しむこと　教育と医学No.649、慶應義塾大学出版会

瀧口優・森山千賀子（2009）社会的ネットワークとソーシャル・キャピタル　白梅学園大学・

　　短期大学紀要45号

瀧口優・金田利子・小松歩・山路千華（2019）遊びによる子どもの育つ地域環境作りⅥ　第71
　　回日本保育学会大会口頭発表

日本子ども資料年鑑（2020）子どものデジタルメディア接触の実態と親の関わり、KTC 中央
　　出版

森山千賀子・瀧口優・草野篤子・瀧口眞央・吉村季織・（2011）地域ネットワークとソーシャ
　　ル・キャピタル　白梅学園大学・短期大学教育福祉研究センター年報 No.16

守屋毅（1984）日本人の遊び心、PHP 研究所

倉橋惣三（2008）子ども賛歌、フレーベル館

Ⅱ部

総括篇

第5章

子どもと大人の遊び心を通した
「誘われる‐誘う」関係

富田昌平

1. 子どもの遊びは変化したが、遊び心も変化したのか

　子ども時代には不思議に思えることや面白いなと感じられることが山ほど
あった。筆者の子ども時代は1970年代終わりから1980年代にかけてであり、場
所は広島県の中心部から遠く離れた山あいの町である。すでに遊びの必要条件
としての3つの間（時間、仲間、空間）が子どもたちから奪われつつあること
への警鐘が鳴らされ（日本子どもを守る会、1978）、ディズニーランドの開園や
ファミコンの発売、ガンプラやキン消し、ビックリマン・シールのブーム化な
ど、メディアがつくり出したファンタジーによって子どもの遊びや生活が大き
く支配されつつある時代であった。にもかかわらず、そこにはまだ子どもが自
由に扱うことのできる空間があり、時代も子どもに多くのことを求めず、ゆっ
たりと流れる時間があった。今は過疎地となり、母校の小学校も廃校の憂き目
に遭ったが、一緒に遊ぶ仲間たちも大勢いた。

　学校への通学路はまだ十分に舗装されておらず、通学の途中に見かける木材
置き場は子どもたちの秘密基地と化し、不法に投棄されたゴミの中から目ぼし
いものを見つけてきては、そこに集めて自分たちで新たな意味づけをしていた。
他人の家の庭や塀、家と家との隙間などを勝手に抜け道として利用し、お化け
屋敷と恐れられる空き家にも、怖がりながらも自由に出入りしていた。国道以
外の道にはめったに車が通らないため、多くの場合、そこは子どもたちの遊び
場であった。大人たちとの距離は現在の子どもたちと比べると遠く、たまに怖
い顔をして叱られることはあっても、基本的には子どもたちのすることに干渉
せず、放っておかれた。

　本書では、「遊び心」とは子ども時代にほとんどすべての子どもが持っている「子ども心」そのものである（小松、第1章）と述べられているが、「子ども心」が子ども時代の体験によってつくられるのだとしたら、筆者が体験した子ども時代は、実にいいものであったと我ながら思ったりもする。

　もちろん、子ども時代の郷愁（ノスタルジー）に浸り、ことさらに他の時代に生きた人たちと比べて優越感に浸りたいというわけでは決してない。それぞれの年代の人たちにはそれぞれの子ども時代があり、それはそれぞれにとって意味のある輝かしい日々であったに違いない。実際、昭和30〜40年代に子ども時代を過ごした人たちは、昭和50年代に子ども時代を過ごした人たち（筆者を含む）のことを、過剰なまでの物質的豊かさに満たされてきたという意味において、しばしば「不幸」で「かわいそう」だと言ってきたし、昭和の世に子ども時代を過ごした人たち（筆者も含めて）は、平成の世に子ども時代を過ごした人たちのことを、デジタルばかりでアナログ体験が少ないことに言及し、同じように「不幸」で「かわいそう」だと言ってきた。

　しかし、それは恐らく間違いである。なぜなら、子どもはいつの世でも、身近な世界のありとあらゆるものに対して不思議がり面白がる存在であり、そうしてやたらと遊びたがる存在だからである。たとえ平成でも昭和でも、子どもは何かしら遊びたがり、それぞれにとって意味のある輝かしい子ども時代を過ごしてきたに違いないし、そうした潜在的な力を備えているに違いない。子どもを取り巻く環境や子どもの遊びは変わったが、子どもの遊び心は今も昔も恐らく変わりはないのではなかろうか。

2．遊び心？子ども心？

　「遊び心」「子ども心」とは何であろうか。すでに他の章でも繰り返し述べられてきたが、さらに広く深く議論を進めていくために、今一度確認しておくことは重要である。

　小松（第1章）は、先に述べたように、「遊び心」とは、子ども期にほとん

どすべての子どもが持っている「子ども心」そのものであると述べ、「遊び心＝子ども心」という定義を示している。そして、遊び心は人間にとって大切な動機であり、子ども期だけでなく生涯にわたって持ち続けることで人生が豊かになると述べている。また、金田（第 2 章）は、遊び心とは、面白いからやってみる、そしてさらに面白くしようと追求していくその心情であると述べている。そのうえで「遊び心＝子ども心」に触れ、子どもは遊び心を自然に身に付けていき、その遊び心を内包した遊び活動が子どもの全生活にとっての主導的活動になるが、それらが主導的活動ではなくなる大人期になるに従って、「遊び心＝子ども心」は薄らいでいくと述べている。

　このことに従えば、「遊び心＝子ども心」とは子ども期に本質的に備わっており、面白さを追求しようと周囲のものや環境、人と積極的に対話的にかかわることによって、より豊かに育まれていくものであると捉えることができる。そして、遊びが主導的活動ではなくなる大人期になると、「遊び心＝子ども心」は人々の意識の奥底へと沈潜し、あたかもそうしたものは最初からなかったかのように薄らいでいくのである。

　もちろん、こうした「遊び心＝子ども心」の沈潜は、金田（第 2 章）も指摘するように、人間の生涯発達における自然な現象としてかねてより見られてきたことであり、それ自体は驚くべきことではない。むしろ問題なのは、本書の「はじめに」でも述べられたように、現代の日本社会においては、ほんのちょっとの遊び心さえも認めないような「不寛容さ」が徐々に社会全体を蝕み、蔓延しつつあるかのように見える点である。

　赤木（2019）は、遊び心を「『正しさ』と距離を置き、逸脱や失敗、悪ふざけを楽しもうとする心的姿勢」として定義している。また、川田（2019）は、遊びとは「対象と距離を取りながら、『ホントとウソ』『常識と非常識』『安心・安全と危険・心配』などのいずれの両極にも寄らない、『あいだ』を楽しむもの」としたうえで、遊び心を内包した遊びとは、その「あいだ」の中で小さな逸脱を経験していくことであると述べている。

　いずれも遊び心の核心として「逸脱を楽しむこと・楽しもうとすること」を

挙げており、それらは「正しさ」や「ホント」「常識」「安心・安全」と距離を置くことによって成り立っている。逆に言えば、「正しさ」や「ホント」「常識」「安心・安全」ばかりに価値を置いて、極端へと走る社会では、「逸脱を楽しむこと・楽しもうとすること」は許されるべくもなく、遊び心を内包しない、不寛容な社会へとひたすら突き進むこととなる。本書における「大人が遊び心を持っていれば、子どもが大人に理解され、双方の交流が可能になり、街中がこうした遊び心で満たされたとき、子どもも育ちやすくなる」（はじめに）、「大人も子どもも生きにくくなっている現代において、子ども心を大人に回復させ、子育てや生活を『おもしろがる』という『遊び心』で地域のつながりを再構築することができるのではないか」（第1章）、「内包された子ども心＝遊び心を子育てにおいて引き出してみることが可能になれば、また、そういう社会風潮が育っていくとき、その地域は遊び心を通して子育てしやすい街になるのではないか」（第2章）といった指摘には激しく同意であり、「不寛容さ」という現代社会の閉塞感を打破するエネルギーこそ、「遊び心」に期待するものである。

3．遊び心の回復をめざして

　現代社会における遊び心の回復が本書の目的であるとすれば、それはさらに次の2つの目的に分けられよう。1つは、子どもと遊ぶ大人、とりわけ親や保育者の中に沈潜している遊び心を活性化させ、回復させることである。もう1つは、子どもが遊び心を持った大人とともに遊ぶことで、子ども自身の遊び心をさらに引き上げることである。

　これら2つの目的は相互に関連し合っている。大人は遊ぶ子どもの姿を見て子ども心が呼び覚まされ、遊び心が引き出され、そうして引き出された遊び心を含みつつ、なお遊ぶことによって子どもの遊び心も引き上げられる。そして、さらに引き上げられた遊び心にもとづく子どもの遊ぶ姿を見ることで、大人の遊び心もさらに引き出されていくのである。このように大人と子どもとの間の遊びを通して、双方において遊び心は引き出され、引き上げられていくと考え

られる。地域社会全体への波及は、こうした双方の関係にもとづく好循環が日常のありとあらゆる場面で少しずつ繰り返されていく中で、自ずと達成されていくものと思われる。

　子どもが大人の遊び心を引き出し、大人との遊びによって子どもの遊び心は引き上げられていく。麻生（2007）も指摘するように、これは大人の立場から言えば、「誘われる−誘う」関係として捉えることができる。本書では、こうした関係性にもとづく遊びや遊び心の実態を捉えるために、保育者や子育て支援関係者、及び自由遊びを重視した保育を展開している幼稚園の卒園児やその保護者などを対象に、インタビューやアンケートによる調査を行っている（第9〜10章）。あるいは、遊び心を引き上げるためのワークショップなども実施し、その報告を行っている（第8章）。その結果、保育・子育て関係者における遊び観や遊び心の実態を浮き彫りにするという一定の成果が得られている。しかし、大人が子どもの遊び心によってどのように誘われ、また遊び心を含んだ遊びへと子どもをどのように誘っているのかという具体的な中身については、あまり触れられていない。そこで以下では、その点に焦点を当て、筆者の見解を述べてみたいと思う。

4．子どもの遊び心に大人はどのように誘われるか

　最も初期に現れる子どもの「遊び心」は、まさに「子ども心」と言ってよいものであろう。子ども心とは、辞書によると、「大人の世界の人情やおもむきなどを理解することのできない無邪気な子どもの心」（『精選版 日本国語大辞典』より）と定義される。

　よちよち歩きをし始めたばかりの1歳2か月の子どもを思い浮かべてみるとよくわかる。彼らは心ざわめくものと出会うと、それをじっと見つめ、近づき、手を伸ばし、握りしめ、いじり、ついには放り出し、その反応を眺めたりする。彼らがそのようにふるまうのは、それが何であるかよくわかっていないからである。ゆえに、彼らの心は無邪気で、素朴で、純真であり、また大人にとって

当たり前で、時に無価値であったりするようなものに対して、いちいち驚いたり、面白がったり、不思議がったりする。その驚きや面白さ、不思議さの原因を彼らなりに探ろうとして、もっともっととかかわるのである。よちよち歩きの子どもとはまさに好奇心の塊で、とてつもない知りたがりである。この時点での遊び心とはそのようなものではなかろうか。

そうした子どもの姿を見て、「これは○○だよ」「違うよ。これは○○するものではなく、○○するものだよ」などと、やたらと正しい名前や用途を教えたがる大人がいたとすれば、その大人は遊び心がない大人と言えるかもしれない。なぜなら、子どもは名前や用途を知りたがってそうしているのではなく、ただ面白がり、遊びたがってそうしているのだという、子ども心の核心に何ら呼応していないからだ。

逆に、絵本作家のヨシタケシンスケさんのような人は、遊び心のある大人と言えるのではなかろうか。彼の作品の多くは、何でも面白がり不思議がり、その行為そのもので遊びたがるという彼自身の幼い頃からの思考や行動の習慣を感じさせるが、例えば、著書『せまいぞドキドキ』では、幼い頃から身近にある狭いところに胸を躍らせ、空想してきた数々のことが描かれている。その著書の中で彼は、実家の押し入れの掃除をしている最中に幼い頃に遊んだ積み木を発見し、それを見た瞬間に全ての積み木の味を思い出したことを記している。ちょっと酸っぱいとか、少し苦いとか、香ばしい感じとか、積み木の味は様々であるが、その思い出をもとに、1歳のわが子が何でも口に入れているのを見て「ケータイはどんな味がするんだろうと、ちょっとうらやましくなりました」と語っている。ケータイを口に入れるという、大人の意味世界からすると逸脱した行為に対して、それを単に大人の意味世界を盾にして咎めるのではなく、子どもの感じている世界に寄り添って、そのことをともに面白がり、遊ぼうとする姿勢がそこからは感じられる。

子どもが片言の言葉を話し、いろいろなことを伝え始めた2歳から4歳頃も、面白さ満載である。朝日新聞生活面に掲載された子どものつぶやきをまとめた著書『あのね』（2009）を読むと、この時期の子どもたちが身の回りの未知な

る世界に対して、わからないながらも彼らなりに言葉で意味づけ伝えようとし
てしていることがよくわかる。

> 二日酔いで頭が痛いという父にばんそうこうを渡し、「これ、はっとき」
> 　　　　　　　　　　　　　　　　　　　　　　　　　（2歳・女児）
> 母がミシンをかけている様子をじっと見ていた。いきなり大声で、「それ
> すごいはしゃいでいるね！」
> 　　　　　　　　　　　　　　　　　　　　　　　　　（4歳・男児）

　こうした子どものつぶやきを耳にすると、多くの大人は胸をキュンとさせる
だろう。なぜなら、そこには大人とは異なる子どもなりの世界の見え方が感じ
られるし、その幼さを愛おしく感じられるし、世界についての知識や経験がま
だ十分ではないがゆえに生じた、ちょっとした言い間違いの中に、大人の知識
や経験とのほどよいズレを見出すことができ、そこに面白さを感じることがで
きるからである。

　この種の言い間違いなどを含んだつぶやきに対して、正しさを追求するよう
な反応は、まったくもって野暮である。「わあ、子どもにはそんな風に世界が
見えているんだ」と驚き、不思議がり、面白がり、大人とは異質な世界を生き
ている子どもとの時間を楽しもうとすることが、そこでの筋のよい反応と言え
よう。子どもの無邪気さ、素朴さ、純真さに、素直に乗っかり、大人も自らの
遊び心を解放させていくのである。

　麻生（2016）も述べているように、子どもが可愛いから、大人は子どもを可
愛がって遊ぶ。子どもは大人や年長の子どもに遊んでもらうのが大好きであり、
遊ばれる中で子どもは遊びという態度の面白さ、楽しさを学んでいくと考えら
れる。そこで次は、子どもによって誘われた大人がどのように子どもを遊びへ
と誘っていくのかを考えてみよう。

5．大人は遊び心のある遊びへと子どもをどのように誘うのか

　現場の保育者たちと話をしていると、子どもの気持ちのノリをよくとらえて、
それに合わせて子どもをどんどんその気にさせるのが上手だと、つくづく感心

することがよくある。

　例えば、元保育士の頭金多絵さんは著書『「気持ちいい」保育、見〜つけた！』の中で、そうした遊びのいくつかを紹介している。1歳児クラスの子どもたちは『のせてのせて』（松谷みよ子・文／東光寺　啓・絵）という絵本が大好きで、保育者に何度も読んでもらっていたそうである。そのうち絵本の世界に入り込み、絵本に登場する動物たちと一緒に声を出して「ストップ！」と言い、自分も主人公のまこちゃんの自動車に乗ったつもりになって楽しんでいた。子どもたちがあんまり楽しそうに絵本の世界に入り込むので、保育者ももっと遊んでみたくなり、紙で1人に1つの車のハンドルをつくってやると、これが大ヒット。絵本を離れて普段の生活でもそれを使って遊ぶようになった。ハンドルを持ってみんなで外に散歩に出かけた時に、道端に落ちている葉っぱを見て、保育者が「あっ、葉っぱさんが手を上げています。ストップ！のせてのせて」と声をかけると、子どもたちはいっせいにストップ。「いいよ」と言って、ズボンのゴムに葉っぱを挟んでのせてあげると、何ともうれしそう。その後もいろんな葉っぱやドングリなどの木の実をのせていったそうである。

　楽しいことは子どもの力にもなる。ニンジンが苦手な子に「ニンジンさんが手を上げています。ストップ！のせてのせて」と言うと、「いいよ」と大きな口を開けてパクリ。パンツをはくのを嫌がる子にも「パンツさんが手を上げています」と言うと、すぐにはく。そうして子ども同士で顔を見合わせて笑い合って、自然と友達とのつながりもできていったそうである。「のせてのせて」で遊びたがっている子どもの遊び心に保育者がきちんと呼応して、楽しみながら引き上げている様子がよく伝わる実践である。

　また、日常のありふれた、ときに退屈と感じられるようなことも、見方を変えると楽しいものに変わるものである。見栄えや出来栄え、結果で評価されることが多くなってきたせいなのか、鉄棒や登り棒など、少し難しそうな遊びに誘うと、「ぼく、やんない」と言って、自信のあることしかやろうとしない4歳児の姿が気になっていた頃、以前、「おいらは忍者でござる」と、何でもかんでも忍者の修行に見立てて楽しく遊んだことを思い出し、忍者ごっこを始め

ることにしたそうである。

　鉄棒の前回りは「ぐるりんぱの術」、登り棒は「サルの術」、片足跳びは「石渡りの術」。散歩に出かける時も風呂敷におやつを包んで背中に背負い、忍者になって出発。車が来るとササッと道路の端によけて「壁の術」、時には通行人を「くせ者」に見立てて、その人が通り過ぎるまでじっと「石の術」。子どもたちもノリノリで新しいことにも次第にチャレンジするようになっていったとのこと。子どもの生き生きと遊ぶ姿は家庭にも波及し、親たちも「親分忍者」を演じて「ござる言葉」を駆使しながら、「忍法サササ着替えの術」「早起きの術」などを楽しんだそうである。忍者ごっこは保育の定番ではあるが、遊び心で家庭もうまく巻き込んだ、すぐれた実践と言えよう。

　逸脱を楽しもうとする保育者の態度も、子どもの遊び心を引き上げるうえで重要である。例えば、『エルマーになった子どもたち』の実践でも知られる元保育士の岩附啓子さんは、著書『シナリオのない保育』の中で次のような遊びを紹介している。新しく若い先生が入ってきた後、年齢への興味からか岩附さんにも「先生の歳はいくつ？」「おばあさんでしょ」「へっへ、年寄りやー」とからかってくるので、居直って「そうさ、私は本当は100歳のやまんばさ。決して誰にも言ってはならんぞ」と言ってみた。さらに、４、５歳児クラスでの散歩の帰り道、「おばけ坂」と呼ばれる木がうっそうと茂った小道を抜けている時、その場の雰囲気で「うひひ、私はやまんばさ」と声色を変えて言うと、子どもたちは大パニック。あっという間に子どもたちの間に広まって、それからというもの、保育園の近くの山にはやまんばが住んでいて、岩附さんも時々やまんばに変身すると子どもたちに固く信じ込まれてしまったそうである。それをきっかけに、「ホント」と「ウソ」とでドキドキワクワク揺れ動く「やまんば探険」が始まっていったとの話。

　やまんばで子どもを怖がらせるなんて、「大人げない」「くだらない」と言うなかれ。子どもたちは神秘的で謎めいたものが大好き。探険や謎解きが大好き。大人からすると無意味に思えるようなくだらないことが大好きなのである。そうした子どもの遊び心に呼応して、うまく引き上げていった保育者の技とセン

スが光る実践である。

6．遊び心に誘われ、誘う関係を豊かに

『長くつしたのピッピ』『やまかし村の子どもたち』などの作品で知られる児童文学作家リンドグレーンは、「私たちが遊び死にしなかったのは、不思議なくらい」と後に自ら語るほど、遊んで遊んで、遊び暮らした子ども時代を過ごしたそうである。そこには豊かな自然とたくさんの遊び仲間、そしてゆったりとした子どもの時間があり、大人たちも子どもに素敵な妖精や魔法使い、恐ろしい巨人の話を本当にあった出来事としてよく語り聞かせてくれたそうである。現代に生きる子どもたちにこのような環境を与えることができているかと問われれば、大人たちの多くは口をつぐむことだろう。

　時代は変わったのだから…。本当にそうであろうか。時代は変われども、子どもたちの遊び心は不変である。大人たちにはもう一度子ども心を呼び覚まし、子どもの遊び心に誘われ、また誘い合いながら、遊びの面白さをともに楽しみつつ追求していってほしいものである。

文献

朝日新聞出版（編）（2009）あのね：子どものつぶやき、朝日文庫

麻生　武（2007）発達と教育の心理学：子どもは「ひと」の原点、培風社

麻生　武（2016）子どもの発達とファンタジー：消えつつある“ファンタジーの世界”　増山均・汐見稔幸・加藤　理（編）ファンタジーとアニマシオン：古田足日「子どもと文化」の継承と発展、童心社、pp.85－112

赤木和重（2019）遊びと遊び心の剥奪：障害と貧困の重なるところで　遊び・育ち・経験：子どもの世界を守る、明石書店、pp.97－124

クリスティーナ・ビヨルク・文・エヴァ・エリクソン絵(石井登志子訳)（2007）遊んで遊んで：リンドグレーンの子ども時代、岩波書店

岩附啓子（2004）シナリオのない保育：子どもと過ごす極上の時間、ひとなる書房

川田　学（2019）子どもの世界の中心としての「遊び」　遊び・育ち・経験：子どもの世界を守る、明石書店、pp.15－44

日本子どもを守る会（編）（1978）子ども白書1978年版、草土文化

ヨシタケシンスケ（2013）せまいぞドキドキ、講談社

第6章

親の遊び心　保育者の遊び心　子どもの遊び心

麻生武

　日本の現在における子育ての状況はさまざまな困難に直面している。新型コロナウイルスの流行という要因もあって、2020年の赤ん坊の出生数は84万台にまで減少し、日本の少子化は歯止めの利かない状態に陥っている。多くの人たちが、子どもが育てやすい、子どもが育ちやすい環境をつくっていかなければという願いを抱いている。「世代を超えた遊びによるコミュニティー再生」もそのような願いの1つだと言えるだろう。本書の第1章から第5章まで、そのような願いを抱いて、それぞれの筆者が「遊び心」という言葉を中心にして論を展開している。この章では、それらの論の中で何度も言及されている「親の遊び心」、「保育者の遊び心」、「子どもの遊び心」という3種類の「遊び心」の関係について、「遊び」とは「そもそも大人と子どもとの狭間に発生する現象」（麻生 , 1994, p.79）だという立場から検討していくことにしたい。

1．「遊び」について自分自身の体験から考える

　おそらく、乳児の頃に「自分が遊んでいた」という記憶もつ人はいないだろう。乳児には「遊び」という意識や概念はない。乳児が「遊んでいる」と感じるのは、乳児自身ではなく、それを見ている側の大人である。「遊び」について深く考察したアンリオ（Henriot, 1973）によれば、自ら遊ぶことができ遊びの何たるかを知るものにしか、他者の遊びをとらえることはできない。よって、遊ぶことを知らず、遊ぶことの苦手な大人がいるとすれば、乳児が熱心にティッシュペーパーを引き出しいる姿を見ても、それを「遊び」とは捉えない可能性が高い。それは止めさせるべき問題行動でしかないのだ。もちろん「遊び」を

知る大人であれ、この遊びを必ずしも好ましい遊びと見なすわけではない。しかし、その大人にとって、やめさせたい悪い遊びであれ、その乳児が「遊んでいた」ことには間違いないのである。

　乳幼児時代の遊びは、その乳幼児と関わる大人のまなざしや態度の中にこそ存在しているのである。子どもたちが「遊び」という言葉に初めて接するのは、自分より年長の者が「○○ちゃん、遊んであげよう」と言って自分に関わってくれるときである。かつて地域社会があり隣近所のつきあいが普通にあった時代には、親だけではなく近隣のお兄さんお姉さん、おじさんおばさん、おじいさんおばあさんが、機会あるごとに幼児たちと遊んでくれた。「遊び」に関して、現在71歳の私の古い記憶を探ってまず最初に見出すのは、「母親に遊んでもらった」記憶である。自分で遊べるようになるまでに、また遊べるようになってからも、たくさん母親に遊んでもらったように思う。この正月に長男夫婦が3歳半と1歳半の孫を連れて1週間弱逗留してくれた。「じいちゃん、遊んで」とうるさいほど訴えるのは3歳半の兄であって、1歳半の妹にはまだそのような訴えはなかった。その子らの父親である長男が「トータンアチョボ（父さんあそぼー）」など初めて口にし出したのは、日誌記録を見ると1歳10か月頃からである。

　幼い子どもが自分に関連して「遊び」という言葉を耳にする状況は、2つある。1つは「お母さん（※お父さん）は忙しいから、それまで1人で遊んでなさい」や「1人で遊べてえらいね」など言葉をかけられる状況である。つまり、子どもは自分が何かをしていることを大人から「遊んでいる」と名付けられるような状況である。もう1つは、「遊んであげよ」や「一緒に遊ぼう、何して遊ぼぶ？」などと声をかけられ、年長者が遊んでくれる状況である。子どもにとってどちらが、大事な「遊び」なのか言うまでもないだろう。幼い子どもにとって「遊び」とは、当然のことながら自分に楽しい雰囲気で関わってくれる年長者と、一緒に楽しく行動したりコミュニケートすることに他ならない。それは決して1人遊びではない。

　「遊んでもらった」記憶、その次に来る「遊び」にまつわる私の記憶は、子

ども同士で仲間で遊んだ「ごっこ」遊びの楽しかった記憶だ。5～6歳頃から小学校時代にはそのような記憶がある。ヴィゴツキー（L.S.Vygotsky 1933）は「遊びの活動」を他の活動と区別する基準として「虚構場面を創造する」ことをあげ、そのような「（ごっこ）遊び」は3歳以降に見られるようになると指摘している（麻生, 2010）。

　以上が私の子どもとして「遊び」体験である。その次に、記憶するのは自分より幼い子どもと遊んであげたことである。私は長男であり、下に約2歳違いの弟、4歳違いの妹がいる。母方の従兄弟はすべて年下であった。しかし、彼らと「遊んであげた」とどこまで言えるのか、少し怪しく思うのは、私自身が彼らと「遊ぶこと」を楽しんでおり、ある意味彼らに「遊んでもらっていた」という側面も否定できないからである。

　「遊んであげる」という問題に私が直面したのは、就学前の子どもたちの発達相談や療育に関わり始めたときからである。今から40年以上も前に、就学前の子どもたちの発達相談で、新版K式発達検査を部分的に用いて発達診断を行っていた。そのとき検査をうまくして、子どものコミュニケーションの力を診断するには、子どもたちと上手に「遊ぶ」ことが必要だった。しかし、そこでの「遊んであげる」という態度や技術はそれほど難しいものではなかった。仕事として子どもと「遊ぶ」ことに、本格的に直面したのは、今から35年前、ある親子療育教室の専任スタッフとして、就学前の自閉症などの障害をもつ子どもの療育に仕事として関わるようになったときである。

　その時に痛烈に感じたことがある。午前中日の光が射し込むプレイルームで、ある自閉症の子どもと1対1でプレイセラピーをしているときのことである。世の中の大人が様々な労働をしているときに、私はこのように子どもと遊んでいてよいのだろうか。子どもと遊ぶことが仕事であるとは、何て奇妙なことなのだと。少し後ろめたくさえあった。50分間のプレイの間は、保育園の先生方のようにいろいろ気遣うべきことはほとんどない。とは言え、難しいのはいくら私が遊んであげようとしても、喜んで遊んでくれない子どもがときとしていることである。そのようなプレイルームでの体験がきっかけとなって、私は「遊

び」とは何か考えるようになったと言える（麻生, 1998）。

　発達援助の仕事として子どもと「遊ぶ」こと、親として子どもと「遊ぶ」こととは、似てはいるものの少し基本となる構えが異なっている。私の場合この両者が通常より似通ってしまったのは、発達心理学者として、どちらの場合も参与観察者として子どもとの遊びを記述することを「仕事」にしていたからである。とは言え異なるのは、後者の場合には「お父さんは仕事」などと言って遊びを中断することができたことである。前者の場合は、まさに仕事なので「仕事」と言って逃げることはできない。仕事として子どもと遊ばなければならないのである。

　以上、長々と私自身の「遊び」体験について述べてきた。その理由は、「遊び」について共通の議論をするために必要なことは、それぞれがアンリオ（Henriot, 1973）の意味で、遊びの何たるかを知っているという自身の体験ベースを意識化しておくことだと考えたからである。子どもの遊びを論ずるに必要なのは、自分自身の子どもとしての遊んでもらった体験と、仲間と遊んだ体験と、子どもと遊んであげた体験をつねにイメージに浮かべつつ考えることである。「遊び」という用語には多義的な意味があり、さまざまな文脈で用いられる。社会や文化や思想と領域で、議論するのならそのような「遊び」という言葉の多義性と戯れるのもよいかもしれない。しかし、子育てや保育の現場で現実の子どもたちの遊びについて議論するには、自身が育ってきた体験に即して議論する必要がある。それは、過度に抽象的な「遊び」に関する議論に巻き込まれるのを避けるためである。

2．「遊び心」＝「子どもの心」か

　本書の「はじめに」において小松（2021a）は、「遊び＝自我の揺れ動きとしての playfulness」と定義する。」と述べている。私はこのような抽象的な定義をはじめにもってくるのは、あまり好ましくないと考える。その理由は「自我」も「揺れ動き」も「playfulness」も、「遊び」よりむしろわかりにくい用語だ

からである。小松（2021b）はまた「『遊び心』は子ども時代にはほとんどすべての子どもがもっている『子ども心』そのものであり」とも述べている。すなわち、ある大人にもその「遊び心」があるとすれば、その人は大人になっても「子どもの心」を失っていないのだと指摘している。前者と比べると、この後者の表現の方がはるかに「遊び」の本質に近い。この「遊び心」＝「子どもの心」という等式は、『梁塵秘抄』の「遊びをせんとや生れけむ、戯れせんとや生れけん、遊ぶ子供の声きけば、我が身さえこそゆるがるれ」というよく知られた歌の精神とも一致しており、多くの日本人が抱いている考え方を示している。とは言え、この感じ方は少し表層的な捉え方で、遊びの本質を捉えたものではない。

　私は、多くの人々が「遊び心」＝「子どもの心」と考えること、そのように人々が考えることそれ自体が、人々の「遊び心」を示していると考えている。「遊び心」は、小松が述べているように子どもにあるのではない。そのことを理解するには、さまざまな生きもの子ども（幼体）の心を考えてみればよい。昆虫や魚類や両性類の子ども（幼体）に「遊び心」があると考える人はいないだろう。亀やヘビの子ども（幼体）にも「遊び心」は感じられないだろう。しかし、仔犬や子猫には「遊び心」があるように感じるのではないだろうか。一般に哺乳類の子どもには「遊び心」があるように感じられると言ってよいだろう。それは私たちが哺乳類の大人だからなのだ。私たちは、自分たちの「遊び心」をとりわけ哺乳類の幼きものに投影して、幼きものの仕草や活動に目を細め、「遊ぶ子供の声きけば、我が身さえこそゆるがるれ」存在なのである。

　哺乳類の親は、子どもに乳を飲ませ保護し慈しみ育てることを本分とする。子どもに対して攻撃性を抑制し、子どもを可愛がるのである。母親犬は、仔犬が自分の尻尾にじゃれつき噛んだりしても、本気で怒り攻撃したりはしない。攻撃性を抑制したうなり声で警告するだけである。母親犬は「遊んでいる」のだ。一方、仔犬は本気で獲物を捕る本能を発動させて練習しているのである。真剣なのである。しかし、私たちからすれば、仔犬は可愛く「遊んでいる」ように感じられるのだ。たとえ、仔犬が本気で母親の尻尾を攻撃しているにせよ、

その攻撃の仕草が可愛く、尻尾と「遊んでいる」ように感じられるのだ。母親犬は私たちのように「遊び」という言葉を知らない。しかし、その思いは私たちに劣るものではない。仔犬の仕草や活動を可愛いく感じていることに変わりはない。このような理由で、私は「遊び心（態度）」とは「哺乳類の親が子に示す」心（態度）だと捉えている（麻生, 2007, 2010）。

　哺乳類の成体（大人）は、しばしば自分の種とは異なる哺乳類の幼体（子ども）を可愛がることがある。犬がライオンの子どもを育てたり、ゴリラがネコを可愛がったり（ネコは哺乳類の子ども的特徴を具えているとの説もあるようだ）、思わぬ組み合わせがときどきニュースになっているのをご存じだろう。犬の「遊び心」を示す非常に分かりやすい例がある。ホロウィッツ（Horowitz, 2009）によれば、大型犬は小型犬と遊ぶとき、相手に合わせて力をセーブして調整するという。超大型犬のなかには身を横たえ小型犬に好きにいじらせる犬もいるという。「経験豊かな年長の犬は、遊びのスタイルを子犬に合わせてやる。子犬たちはまだ遊びのルールを知らないからだ（邦訳 p..254）」。この大型犬の態度こそ「遊び心」なのだ。

3．親の「遊び心」

　金田（2021）は、遊び心とは河崎のいう自我の揺れ動きであり、遊ぶこと、面白いからやってみる、面白さを探究するその心情こそが遊び心だと述べ、それが大人になると薄れてくることを指摘している。そして、遊びが主導的な活動であるのは幼児期後期が中心であると述べている。このような考え方は、幼児後期の子どもたちの遊びの様子や、自分自身の幼少期の遊びのことを思い出し考えるならば、すこぶるもっともらしく思われる。中学生や高校生、まして社会人になれば、その頃のような「遊びの楽しさ」を味わうことはほとんど不可能になり、そのような「遊び心」を展開する機会もまた意欲も薄れてしまうことは間違いない。そのように考えれば親の「遊び心」なるものは、よほど大人になっても童心を失わない人でもないかぎり、ほとんど消え去ってしまって

いることになってしまうだろう。しかし、この捉え方は、特殊な「遊び」を念頭においたための間違った理解である。

　確かに、幼児期後期に初めて出現する「遊び」が存在する。それをエリコニン（El'konin,　1978）は「役割遊び」と呼び、ヴィゴツキー（Vygotsky,1933）は虚構場面を創造する「ごっこ遊び」と捉えている。子どもたちが「ごっこ遊び」や「役割遊び」が可能になっていくプロセスをよく考えれば、そこには必ず年長者のリードがある。年上の兄弟姉妹やあるいは近隣の遊び仲間が、幼い子どもたちを「ごっこ遊び」や「役割遊び」に誘っていくのである。年長の子どもがいなければ、親や保育士が遊び相手になって、子どもたちを「ごっこ遊び」や「役割あそび」に導いていくのである。3歳の子ども同士で、ママゴトごっこをするのはまだけっこう難しい。大人が入って相手してやれば、2歳の子どももともママゴトごっこは可能である。ここでも「遊び心」があるのは、子どもの相手をしている大人や年長者側なのである。子どもたちは「遊んでもらう」楽しさを味わっているのである。まず大人や年長者に「遊んでもらう」ことから、子どもたちは後に、自分たちだけですなわち仲間同士で「遊べる」ようになるのである。このプロセスに関しては拙論「遊びと学び」（麻生 , 2010）を参照していただければ思う。子ども自身も3～4歳になると幼い弟や妹と「遊んであげる」力がついてくる。「ごっこ遊び」は、そのような力をもった子どもたち同士が互いに「遊んでもらい」つつ「遊んであげる」という幸運なバランスによって、幼児期後期に開花する遊びの大輪なのだ。大人が失っているのは、この仲間同士で「ごっこ遊び」をする力である。大人同士で見立てを共有し遊ぶことは難しい（本物演劇は可能だが）。それが「遊び心」の喪失のように感じられてしまうのである。大きくなるということは、「遊び心」を失うのではなく、仲間や年長者に「遊んでもらう」楽しさを失うことなのだ。しかし、幼い時に「ごっこ遊び」を楽しんだ大人であれば、幼い子どもを相手にして「ごっこ遊び」をする力を失ってはいない。それが本当の「遊び心」である。

　今日の養育の問題は、瀧口（2021）も指摘しているように、幼い時に「遊んでもらった」体験がとぼしく、年少者と「遊んであげる」経験がなく、大人に

なって自分の子どもと「遊ぶ」ことができなくなった養育者がしだいに増えてきつつあるように思われることである。しかしながら、幼い子どもと「遊ぶ」ことは、自身の「遊んでもらった」体験からだけではなく、周囲の大人が幼子と「遊ぶ」姿を見ることによっても学習し身につけることができる。幼い子どもと楽しそうに交流してる若者や壮年や老人をたくさん見ることによって、「遊び心」という「幼い子どもを相手にポジティヴな感情で楽しむ態度」は、自然と伝染し広がって行くものなのである。その意味で、世代を超えた互いに交流するコミュニティは、「遊び心」の培養地だと言えるだろう。幼い子どもは、人々を結びつけるよき媒介なのである。犬もある意味で子どもの代役を果たしている。犬を散歩している人は、1人で散歩している人より、見知らぬ人と交流できる可能性が高い。犬がコミュニケーションの媒介になるのである。それ以上に、幼い子どもを連れている大人も、かつては確実に見知らぬ人と交流できる可能性が高かった。もし、今日そうではなくなっているとしたら、つまり親が他の大人から「遊び心」を学ぶ機会がなくなってきているとしたら、私たちの「遊び心」は相当危機的なレベルに陥っていることになる。

　親の中には、「子どもは遊ぶことによって発達する」とのアドバイスを読んだり聞いたりして、子どもと遊ばねばならないと強迫的に思い、うまく子どもを遊ばすことができずに悩みを抱えている人もいる。そのような悩みの原因の1つは、遊びを特殊な活動と捉えていることにある。例えば、「積木遊び」あるいは「砂遊び」など「遊び」の名前がつく活動がたくさんある。子どもが積木に興味を示さないときに、積木でその子どもと楽しく遊ぶことは難しい。それをがんばって遊ばせようとすると、ますますそれは訓練に似てきて「遊び」とはほど遠いものになってしまう。子どもの「遊び」を育てるとういうのは、そのような特殊な活動をさせるように訓練することでは決してない。子どもがどのような活動をしているのであれ、子どものすることなすことが可愛く感じるような態度やまなざしや働きかけが、つまりそのような「遊び心」が、子どもの意欲や活動を育てるのだ。そして、それが親には（大人には）子どもが「遊んでいる」ように見えるのだ。まず育てるべきは、子どもの「遊び」ではなく、

親の「遊び心」である。

4．保育者の「遊び心」

　山路（2021）は、子どもたちと遊ぶことを主たる労働にしている保育者であれ、プライベートで個人の生活者として遊ぶときは、園で子どもたちと遊ぶようには遊ばない。この「遊び」の質の違いは何だろうと問いかけている。確かに、抽象的な「遊び心」というものを考え、「遊び＝自我の揺れ動きとしてのplayfulness」が両者でどのように異なるのか、同じなのかなど問うと、そのような困難な問いが生まれてしまう。だが、大人の1人での「遊び」、大人の仲間との「遊び」といったものは、私の考えでは哺乳類として「遊び心」＝「哺乳類の成体の幼体に対する態度」から、2次的に文化社会的に構築された派生的な概念なのである。例えば、文脈によれば日本では「飲む・打つ・買う」が「遊び」とされたりするのである。そのような議論に深入りすると、保育や養育において大切な遊びの心理生物学的観点が薄らいでしまう危険性がある。

　今、考える必要があるのは「親（大人）の遊び心」と「保育者の遊び心」との違いである。本質的な意味では、「親の遊び心」と「保育者の遊び心」とは、「遊び心」という意味ではそれほど違いはない。しかし、現実的には親であるか保育者であるかによって、子どもの養育・保育・教育に関わる実際的活動には大きな違いがある。例えば、保育者の仕事は、食べること寝ること排泄すること遊ぶこと衣服を着脱することから、遊びも含む様々な活動にいたるまで広範囲に及んでいる。しかも対象児は幼児であれば十名前後から30名近くに及ぶこともある。その中で、保育者は、子どもたちの活動レパートリーを増やすこと、○○遊びと呼ばれているような活動を子どもたちが楽しく学び身につけていくことも、仕事の1部にしているのである。

　保育者は、1人の子どもと遊んでやればよいのではなく、多数の子どもたちと遊んでやらねばならない。これは単に「遊び心」を持つだけで可能なことではないだろう。また、子どもたちに「○○遊び」といった活動を促していくた

めに、保育者が童心にかえって子どもと同じように遊ぶ必要はない。先にも述べたようにそのように遊ぶことはそもそも不可能なのだ。必要なのは、多くの子どもたちをうまく誘導し相互作用させる上手な保育の技術や、媒介となる道具を揃え適切な環境設定を作り出す技術だろう。まず、それらがなければ集団保育をうまく実践することは難しいと言えるだろう。

　「保育者の遊び心」は、料理のスパイスのようなものである。それがなくとも料理は食べることはできる。「保育者の遊び心」がなくとも、子どもたちは食事の作法を身につけ、お遊戯や楽器のやり方を学び、探索的に自分たちで遊び始めるだろう。それらは不可能ではない。しかし、子どもたちの笑顔は少なく、自発的な活動の喜びがあふれ出ることは少なく、園全体に楽しい開放的なエネルギーが満ちあふれることも少なくなるだろう。それらの保育者が「遊び心」を忘れた具体例を、山路（2021）は、山下洋介のピアノのお稽古や、タイヤ遊びが運動訓練になってしまった例で示してくれている。

　保育者に見守られ、活動をエンカレッジされ、子どもたちの活動を保育者が笑顔で捉えていることが（それが保育者の「遊び心」なのだ）、つまり愛され可愛がられていることが、子どもたちにエネルギーを与え解放するのである。保育者の「遊び心」が発揮されるのは、遊び場面に限らないことは言うまでもない。しつけや叱るときにも、「遊び心」をたっぷり発揮することは可能なのだ。山路（2021）はそのような具体例を「遊び心のある援助」として三つ紹介してくれている。1つ目は、「かたづけやりっぱなしさん」の歌をうたって3歳児の靴片付けの指導をしている保育者の例である。2つ目は、子どもの描く絵に合わせて画用紙を調節し、子どもの絵に少々オーバーに感動してみせている保育者の姿である。三つ目は、「けんちゃん」「食べちゃったよ」と子どもたちをからかっている保育者である。保育者が「遊び心」をもって接しても、このように子どもがそれを理解しない場合もあっても不思議は無い。赤ん坊を喜ばせようとしても、いつも赤ん坊が喜ぶわけではない。泣き出すことさえあるだろう。それにめげずに再チャレンジできる心が「遊び心」である。

　当然のことだが保育者の「遊び心」だけで子どもたちが育つわけではない。

保育のスキルやさまざまな知識や知恵が必要なことは言うまでもないだろう。しかし、「遊び心」の少ない保育は、寒々としたものになってしまう。第3章で山路（2021）が、5歳のF君にたまたまカメラを貸し与えたところ、F君の撮った写真には、大人の思いもよらぬ景色や映像がたくさん写っていたことに感動し、「子どもの心がとらえた遊び心を大人に教えてくれた貴重な体験であった」と述べている。確かに、F君はカメラで「遊んで」いる。しかし、それは子ども特有の活動ではない。初めてカメラを手にした大人も、好奇心からカメラで様々な探索的な活動をする可能性は高い。子どもが撮った写真に子どもの心が反映されているのは確かである。精神科医の野田（1988）は子どもたちカメラを預けて1日の生活を写真に撮ってもらい、それを分析し子どもたちの心象風景を描きだしている。確かにカメラを与えられた子どもたちはカメラで遊んだと表現してもよいかもしれない。しかし、そこに写った映像を子どもたちの「遊び心」の現れと理解するのは、何か違うような気がする。写真に「子どもの心」は写ってはいるが「遊び心」が写っているわけではない。「遊び心」があるのは、F君の撮った写真に感動して驚き喜んでいる山路氏なのである。子どもの心を発見し、その新鮮さに驚き喜ぶ感性、それがとりもなおさず「遊び心」に他ならない。つまり、それが子を慈しむ「哺乳類の成体が幼体に示す態度」なのである。

5．まとめ

『世代を超えた遊びによるコミュニティー再生』について、「親の遊び心」・「保育者の遊び心」・「子どもの遊び心」など本論で説明した概念を用いて、何が言えるのか最後にまとめておくことにしたい。

　現在の子育て環境についての問題点は少なくとも2つある。1つは、子育てを支援する地域社会（コミュニティー）の繋がりがほぼ消滅していることである。保育所や公園が近所にできると子どもの声がうるさいなど、支援するどころか、子どもの存在を嫌悪し子育ての足を引っ張る大人さえいるという。もう1つは、

そのような環境の中で、養育者である親が「遊び心」をもって子どもに接することがしだいに困難になってきていることである。子育ての重圧が親のみに過度にかかっている。かつては、地域社会が助け合いで子育てを1部担ってくれていた。また、子どもの育て方あやし方などさまざまなトラブルを、子育ての体験者たちが養育者である親にアドバイスをしたりお手本を見せてくれたりした。では、多くの親が安心して子育てできるような地域社会の再生は可能なのだろうか。簡単なこととは言えないがいろいろな取り組みがなされている。この書物の中でもそれらが紹介されている。

　理論的に重要なポイントは、地域社会（コミュニティー）の結びつきを生み出す媒介となるのが「子ども」だということである。見知らぬ大人同士が遊ぶのは、とても難しい。しかし、間に子どもがいれば、子どもは共通の話題であり、共通するいわば玩具になる。大人Aが子どもに関わろうと「遊びの態度」で関われば、大人Bも負けじと「遊びの態度」で子どもに関わるだろう。そのようにして大人Aと大人Bとが子どもを挟んで「笑い」を共有することが可能になるだろう。夕方、犬を散歩している人同士がどのように楽しそうに互いの犬の話をして交流を楽しんでいるかイメージしてほしい。ペットの犬は子どもの代用である。この構造がベースである。外国の首脳が訪れるときに、かつて子どもたちが花束を贈呈して歓迎するシーンがよくニュースで見られたときもあった。これも子どもをいわばダシに用いた、非敵対的「友好」を示す人間社会の社交の流儀であった。子どもは「可愛い」、その力を用いて大人の「遊び心」を活性化させ、「敵対心」や「攻撃心」を抑制させようとしたのである。

　お年寄り同士がコミュニケートするのが難しくても、間に子どもがいると、おしゃべりや会話が多くなるのは、どの老人ホームでも一般に見られることである。このメカニズムあるいは構造を、コミュニティー再生のために用いるのが、この書物の編者たちの考えではないだろうか。大人自身が子どもたちと接することで、自身の「遊び心」を活性化させ、互いのその「遊び心」を刺激し合って、「子どもとおおいに遊ぶ」それが大事なのだ。そのようなことが可能になる環境設定を工夫するには、親と保育者とが知恵をしぼり協力し合って作

業をする必要があるだろう。考えようによっては、これも子どもに対する「遊び心」が生み出した大人たちの「遊び」と言えなくもない。大人たちの「遊び心」がたくさんあるところには、子どもたちの生き生きした「遊び」もたくさん生まれてくるはずだろう。そのことを通じて、大人同士が繋がり互いに支え合うようになればコミュニケートの再生も夢ではなくなるように思われる。

文献

麻生武（1994）遊び　岡本夏木・高橋恵子・藤永保編生活と文化（講座「幼児の生活と教育」第2巻）第3章、岩波書店、pp.59－84

麻生武（1998）なぜ大人は子どもと遊ぶのか？－プレイルームのミラクル体験－　麻生武・綿巻徹編　遊びという謎、ミネルヴ書房、pp.3－34

麻生武（2007）発達と教育の心理学：子どもは『ひと』の原点、培風館

麻生武（2010）遊びと学び　佐伯胖（監修）・渡部信一（編）『学び』の認知科学事典」、大修館書店、pp.128－145

El'konin,D.B.（1978）天野幸子・伊集院俊隆訳．1989．遊びの心理学、新読書社

Horowitz,A.（2009）Inside of a dog. SIMON & SCHUSTER , INC.（竹内和世訳 2012　犬から見た世界、白揚社）

Jacques Henriot Le jeu. Presses Universitaires de France（1973）（佐藤信夫訳　遊び－遊ぶ主体の現象学へ－、白水社1974年）

金田利子（2021）世代を超えた遊び心とその交流　小松歩編　遊び心でコミュニティーの再生を、第2章 pp.34－48

小松歩（2021a）はじめに　小松歩・金田利子他編　遊び心でコミュニティーの再生を、pp.3－9

小松歩（2021b）人間にとっての遊び・遊び心とは何か　小松歩編　遊び心でコミュニティーの再生を、第1章 pp.15－33

野田正彰（1988）漂白される子供たち、情報センター

瀧口優（2021）親の遊び心を考える：言葉とメディアの狭間で　小松歩編　遊び心でコミュニティーの再生を、第4章 pp.61－72

Vygotsky,L.S.（1933）．神谷栄司訳．1989 子どもの心理発達における遊びとその役割　ヴィゴツキー・レオンチェフ・エリコニン他　ごっこ遊びの世界、法政出版、pp.2－34

山路千華（2021）保育者の遊びを考える　小松歩編　遊び心でコミュニティーの再生を、第3章 pp.49－60

Ⅲ部

「遊び心」研究の歩み

草創期：プロジェクトの取組み　生涯遊び心の形成による内面的地域活性化に関する研究

小松歩

はじめに

　幼児教育・保育において「遊び」は子どもの活動の中心である。子どもは自らの興味・関心の赴くまま、ひたすら「遊ぶ」。子どもの姿を見ていると、日常生活の一見何でもない物や出来事に「おもしろさ」を見つけ、楽しんでいるかのようである。こうして無邪気に、また懸命に遊ぶ中で、いわゆる「子どもの心＝遊び心」を豊かにしていくと考えられる。

　ところが、私たちは加齢とともに子どもの心を忘れていく。さらに生きにくい現代社会においては、子どももおとなも疲れている。これらの結果、特に子育て中の親は、気持ちの余裕を失い、わが子の育ちを他の子どもと比べて心配を募らせるなど、育児不安を強くすることにもつながっているといえよう。

　本研究では、おとなも子どもも生きにくくなっている現代において「子どもの心」＝「遊び心」をおとなに回復させ、子育てや生活を「おもしろがる」気持ちを持てるようにすること、また、遊び体験を共にする人のつながりを元に、子育てや子育ちにかかわる人のつながりを地域に再構築を試みることを目的とし、次の2つグループで研究活動を実施してきた。

　A．遊びのワークショップを展開し、効果を検討することを目的とする研究
　　おとなも子どもも楽しく遊ぶ場を設け、参加者の「遊び心」を活性化させること、また参加者が、得た遊び心を地域に繋げていくことを目指す。
　B．生涯発達における、幼児期の遊びの効果を検討する研究
　　白梅学園大学附属幼稚園は自由遊びを重視し、子どもが心ゆくまで遊べる場になっている。この園での保育体験がその後の育ちにどう影響している

かを二つの方法で検討した。一つは、本園の卒園者で、わが子も同園に入園させている保護者を対象にインタビューを行い、親・おとなの遊び心の育ちを検討する方法。もう一つは、附属幼稚園の卒園者とその保護者を対象としたアンケート調査により、幼稚園生活でとくに印象に残っていることや今現在の生活について尋ね、園生活が及ぼす影響を検討する方法である。

第7章ではAの研究内容を、第8章でBの研究内容をまとめる。

1．研究内容の概要

(1) 人との交流を楽しみ合える方向に向けての　　　コミュニティ変革の芽を育てる。

2009年度〜2011年度、大学生、幼稚園保護者、地域住民を対象に遊びのワークショップ（以下WS）を4回開催した（表1）。これら遊びのワークショップの分析を通して、ワークショップの遊び体験によって遊びの魅力を再確認し、遊び心を揺り動かされること、参加者同士が自然に関わり合う姿があり、気持ちも伝播すること、自ら体験した遊びや遊び心を身近な他者に伝えたいという意識が高まったことを明らかにした（「大学を拠点とした遊びWSの効果〜地域における遊び心の伝播〜」小松歩、髙田文子、松本園子、天野美和子、日本保育学会第65回大会　2012年5月　東京家政大学）。

表1　これまでに実施した遊びワークショップ

実施日	テーマ・講師	参加者
2010/ 3 /21	①老若男女みんなで遊ぼう 　　　　「子どもイタズラ村・子ども遊ばせ隊」早川たかし氏	33名
2010/ 5 /29	②大人もワクワクよみがえれ遊び心！ 　　　　おもちゃデザイナー　相沢康夫氏	28名
2010/11/27	③玉川上水の身近な自然を楽しもう 　　　　野遊びのプロ「ろぜっとわーくす」　代表中山康夫氏	34名
2011/10/15	④玉川上水の身近な自然を楽しもう　その2 　　　　野遊びのプロ「ろぜっとわーくす」　代表中山康夫氏	27名

それぞれのワークショップについて、企画趣旨、内容、効果についてまとめる。

①老若男女みんなで遊ぼう　（早川たかし氏）

　第1回目は、「子どもイタズラ村・子ども遊ばせ隊」理事長の早川たかし氏を講師に迎え、「老若男女みんなで遊ぼう」と題し2010年3月21日（日）春分の日に13：00～17：00で行われた。参加者は、近隣の幼稚園や保育園の子どもと親、地域の老若男女、そして白梅の学生ボランティアスタッフなど、計33名である。内容は、早川氏が長年にわたって伝承している「信頼するおもちゃたち」を使って、とにかく遊びこむことがねらいの講座であった。皿回し、中国ごま、けん玉、サソリの標本、ビックリヘビ作り、デアボロ、独楽回し、わたあめ作り等、遊びこむという狙いを十分に達したワークショップとなった。

　遊びこむことにかけて子どもたちはプロフェッショナルであるが、ワークショップ後のアンケートをみると、そんな子どもたちを差し置いて親やスタッフなどの「おとな」が、いかに遊びこむことができていたかがうかがわれる回答が多くみられた。

《当日のアンケートに寄せられた感想》

「小さなお子さんや、父親や母親、保育者の方々など、良質な遊びの楽しさを体験できた。」「遊びを通して子ども力を取りもどしたような気がします。」

「子どもが遊ぶ所と思って参加しましたが、じつは自分が必死になって皿回しなどに没頭してしまいました。」

「びっくりと夢中にさせるアイデアが次々に出てきて、おとなも子どもも自然にのめり込んでいました。」

②大人もワクワクよみがえれ遊び心！　（相沢康夫氏）

　第2回目は、おもちゃデザイナーの相沢康夫氏を講師に迎え「大人もワクワク、よみがえれ遊び心」と題し2010年5月29日（土）13：00〜17：00に行われた。参加者は幼稚園教諭、保育士、学生、おもちゃデザイナーを目指す他大学の学生や白梅幼稚園の保護者などの大人達と子ども数名の合計28名となった。

　ワークショップ前半では、相沢氏デザインのおもちゃはもとより、相沢氏本人がおもちゃデザイナーの道を行くきっかけとなったスイス、ネフ社のおもちゃなども実演付きで紹介された。相沢氏の紹介するおもちゃはどれも、「それなりに高額ではあっても一生使えるおもちゃ」であり、ゆえに遊ぶ側の年齢を問わないという点で「本物」であるといえる。相沢氏の言葉によれば「子ども（の遊び能力）を馬鹿にしないおもちゃ」であるということだ。「遊び」と「学

び」をつなぐ媒介として知育玩具というものが用いられることもあるが、小手先の学習内容を詰め込んで作ったような玩具は、本質的な「遊び心」の育ちにはつながらない、という相沢氏のおもちゃに対する真摯な感性を、受講者全員が感じ、考えることができたのではないだろうか。後半は、まさに大人も子どももワクワクしながら夢中になって遊んでいた。おもちゃで遊びながら、左右のバランスを取るために無意識に計算をしたり、築き上げた形から美しく変形させる技を工夫したり、「作りだす」と「崩す」の両面から遊ぶことを楽しんでいた。ワークショップ後のアンケートからは、遊びの中に感じられる科学への視点に気付きのあるおとなの言葉が多くみられ、まさに、大人として遊び心を蘇らせることの重要性が感じられた。

《当日のアンケートに寄せられた感想》

「遊ぶということは、想像力と直観力をフルに働かせるんだなと感じた。」

「おもちゃは単なる物でもあるけれど、物には美しさも必要だ。」

「子どものおもちゃだから、ではなく、子どものおもちゃだからこそ最高のものを作る必要があるという考えが大切だと思った。」

「積木で遊ぶ、という一事から、イメージや数や重さや心の動きや、本当にいろんなものを感じ取れるものなんだと改めて実感。忘れてしまっていた感覚でした。」

「"遊び" と "おもちゃ" には、科学があると思った。」

③玉川上水の身近な自然を楽しもう　（中山康夫氏）

　第3回のワークショップは2010年11月17日（土）10:00〜13:00に行われた。今回は34名のうち約半数が子どもの参加（内4名が1歳児）。参加者は両親そろっての参加者も多く、また3世代家族も1組あった。家族そろって自然の中で遊ぶことのきっかけを得たワークショップとなった。

　初めに中山氏手作りの自然ビンゴゲームの台紙が配布され、玉川上水への移動中に、たくさんの落ち葉や植物を拾い、台紙に貼っていった。玉川上水脇の

上水公園へ到着し、まず行ったのが「ねっころがったら」。ブルーシートの上に寝っ転がって見る自然はいつもと一味も二味も違って見えたようだ。顔に降る落ち葉や、木漏れ日の眩しさ、木々の向こうに見える空の青さとのコントラストなど、新たな自然の魅力を体感することができた。

その後、上水公園の木を家族で選び顔や服を付け、「公園の中に家族の木」を作り出した。顔を付け、お話を紡ぐという作業を基に、顔を外した後でも家族がその木を見て語らい、木を通して四季を見るための「尊い家族」としていった。その他にも、参加者の声を拾い上げて歌を歌うなどの活動を通し、あっという間に時間がたった。

《当日のアンケートに寄せられた感想》

「ちょっとした工夫で、いつもの場所が違って見えたり、特別な遊具がなくても十分に楽しめることを体験できました。」

「葉っぱだけでこんなにたくさん遊びがあるんだなと思いました。子どもと自然で遊ぶのはいいことだとはわかっているけど、自分自身がそういう遊びをしたことがない状況で、難しい中、遊びを（提供するというより）提案してくれるのはとても勉強になりました。」

「外で寝ころがるのは子ども以来なくて久しぶりに童心にかえれました。葉っぱがクルクル舞いおりるところや、葉のこすれる音、ひんやりした空気etc大興奮でした。そして、子ども達の創造性に芸術を感じました。」

「とても楽しかったです。木を王さまにしたのは子どもより私が楽しんでいました。また参加したいです。」

---

④玉川上水の身近な自然を楽しもう　その2　（中山康夫氏）

2011年10月15日（土）、前年、好評だった中山氏をお招きして二度目のワークショップを行った。今回は前回とは違う季節を感じてもらおうと企画したが、前日からあいにくの荒天で欠席者が多く、二度目の参加者や子どもの参加は少なかったのが残念である。結果的に学生参加が多くなったが、勉強になったよ

うだ。

　当日も小雨だったが、まずは室内で草笛ならぬティッシュ笛の吹き方を教え
てもらったり、花びら代わりの折り紙のパラシュートを飛ばしたりして遊ぶこ
とから始まった。その後外に出かけ、雨音を楽しんだり、各自小枝や木の実、
葉など自然のモノを自由に集めて戻り、自分たちで集めた小枝や葉などの形や
色でビンゴゲームを行ったり、それらを自由に組み合わせてキャラクターを作
成したりして楽しんだ。どんな天気でも、工夫次第で自然の魅力を発見する事
ができることを体感できたといえる。

研究からわかったこと

　遊び・遊び心について

　「良質な遊びの楽しさを体感できた」「遊びを通して<u>子ども力を取り戻した気
がする</u>」「子どもが遊ぶ所と思い参加したが、<u>実は自分が必死になり没頭して
しまった</u>」(WS①)、「遊びとおもちゃには科学があると思った」(WS②)、「ちょっ
とした工夫でいつもの場所が違って見えたり、<u>特別な遊具がなくても楽しめる</u>

ことが体験できた」「どこにでも遊びの要素がある」（WS③）、「小さい頃はお
もちゃがなくても森の中でずっと遊んでいられたのに…と昔を思い出した」
「ビンゴは人と一緒に楽しさを体験できた」（WS④）など、参加者は体験を通
して遊びの魅力を再確認し、子ども心を揺り動かされているといえよう。

　遊び・遊び心の伝播について

　WS③では、参加者全員で同じ遊びを展開する中で、グループのイメージを
共有しながらその思いを具体化したり、1人ひとりが「自然」の力によって自
分と向き合う環境が醸成されたために、年齢に関係なく穏やかな気持ち、素直
な気持ちで遊びに入り込んでいた。競争やスピードによってのみ遊びは活性化
するのではなく、身近にもわくわくする遊びの芽はたくさん存在するのである。
参加者の醸し出す雰囲気に引き込まれたのか、通りかかりの大学生が「入れて
ほしい」と飛び入りで参加して楽しんだ。回りで見ているだけで、思わず関心
を持ち、違和感なく参加するという形で、遊び・遊び心の伝播が見られた。

　また、WS①②の内容は、個人の技を極めることが主であるのに対し、WS
③④では、ビンゴやじゃんけんなど、参加者同士が自然に関わり合う姿があり、

異なる「楽しさ」を感じていることがわかった。さらにそのことは、この楽し
みを他の人にも伝えたいという思いに繋がることがアンケートから読み取れた。
「人と一緒に楽しさを体験できた」と回答した人の含まれる WS ④で回答した
19名全員が、自ら体験した遊びや遊び心を他者に伝えたいと答えたのである。
その対象は家族、友だち、職場の同僚など、直接現在の人間関係をあげる回答
とともに、大学生は、「自身が保育者となった時に子どもに」と、将来出会う
人間関係をも意識していることがわかった。体験することで、遊び心が場所と
時間を越えて広がる可能性が示唆されるが、WS による伝播の実際とこの点に
ついては、さらなる検討が必要である。

　なお、WS 当日の様子や参加者の感想を共有してもらうこと、また知り合い
に WS や自身が感じた感想を伝えてもらう事を目的としてニュースを作成し、
参加者を中心に配布した。3回目、4回目の WS については、残念ながらニュー
スにして届ける事ができなかった。

白梅学園大学私立大学戦略的研究基盤形成支援事業・生涯遊び心グループ発行

生涯遊び心プロジェクト NEWS

2010年9月発行　vol.1

 ワークショップのご報告

　長く暑かった今年の夏もようやく秋へ向かいはじめました。皆さま、いかがお過ごし
でしょうか？
　「小平市を遊び心で一杯に満たしていこう！」という大きな目標を掲げたこのプロジ
ェクトが結成されて2年目を迎えた今年、白梅学園大学の附属幼稚園に地域交流研究セ
ンターが新設されました。6月にはその開設記念の式典も催され、幼稚園を拠点とした
地域交流の場ができました。そして毎月、いろいろなワークショップが催されています。
　生涯遊び心プロジェクトでは「小平市を遊び心で一杯」に満たしていくために、地域
の皆さまの声を募集しております。今後「あったらいいなぁ～」という遊びの企画のア
イデアなどがありましたら、是非お知らせください。

早川たかし先生のけん玉実演！

相沢康夫先生のネフ・スピール実演！

1

ワークショップ報告（その１）　～老若男女みんなで遊ぼう～

開催日：３月２１日（日）春分の日　１３：００～１７：００

開催場所：白梅学園大学１号２３教室

担当講師：「子どもイタズラ村・子ども遊ばせ隊」理事長・早川たかし氏

参加人数：３３名

前日までの春の嵐も朝にはすっかり青空になり、２歳から７０歳代の老若男女が集い、早川先生の指導のもと魅力的な遊びの会が催されました。

まずは皿回し。ピンク、赤、青、白のカラフルな皿を皆とても真剣な表情で回していました。「見て、回ったぁ！」「あ、もうちょっとだったのにぃ！」など、嬉しそうな顔や悔しそうな顔でつぶやいていました。

中国ゴマ、けん玉、サソリの積木、ビックリヘビ作り、ディアボロ、独楽回し…時の経つのも忘れて、大人も子どもも皆で遊びふけっていました。

ちょうど小腹が空いたころ、登場したのは"わたあめ作り機"。段ボール箱の内側にアルミの天ぷらガードを貼って、早川先生が用意した小さな秘密の機械に粗目砂糖を入れたら…あら不思議！甘～い香りを漂わせて、フワフワとわたあめが出てきました。大人も子どもも一本の割り箸を大事そうに手に握りしめ、小さな段ボール箱を覗き込んで、わたあめが出来るのを待っている様子がとても印象的でした。

「老若男女みんなで遊ぼう」参加者の声
～アンケートの一部のご紹介です～

『子どもイタズラ村づくり
（お母学習記・富山県入善の山本より）』
著：早川たかし
発行：名古書院出版会
２００７年８月２５日改訂版第１刷

❖　「小さなお子さんや、父親や母親、保育者の方々など、良質な遊びの楽しさを体感できた。」

❖　「遊びを仕事にしたいです。遊びのプロフェッショナルを目指します。一生笑顔、一生遊び、一生楽しく、一生幸せ、輝く星になれ！！」

❖　「遊びを通して子ども力を取りもどしたような気がします。」

❖　「来た人は、すご～くトクしましたね！！！」

❖　「子どもが遊ぶ所と思って参加しましたが、いつは自分が必死になって夢中になるなどに没頭していまいました。」

❖　「びっくりと夢中にさせるアイデアが次々に出てきて、おとなも子どもも自然にのめり込んでいました。」

2

ワークショップ報告（その2） ～大人もワクワク よみがえれ遊び心！～

開催日：5月29日（土）13：00～17：00

開催場所：地域交流研究センター・コミュニティホール（白梅幼稚園内）

担当講師：おもちゃデザイナー・相沢康夫氏

参加人数：28名

　「まずは大人が遊び心を豊かにすることで、地域の子どもの良き理解者になってもらいたい…」というこのプロジェクトの趣旨を、講師である相沢氏にお伝えしたところ「"大人もワクワク よみがえれ遊び心！"というテーマはいかがでしょう！」と命名してくださいました。

　この講座は幼稚園教諭、保育士、保護者や大学生など、地域の子どもたちの遊びのリーダーとして活躍する大人が対象の講座でした。相沢氏がおもちゃデザイナーの道を行くきっかけとなったスイス、ネフ社のおもちゃを中心に、バラエティに富んだ遊び方を実演し紹介してくださいました。

　たとえば、ネフ社の代表的な積木であるネフ・スピールやリグノ。どちらか一方だけでも何通りもの積み方ができ、十分遊ぶことができるのですが、両方を組み合わせることで遊び方は数倍に広がります。この積木はどちらも「基尺5cm」というサイズであるため、組み合わせたときに安定するそうです。ネフ社の積木は、非常にシンプルで飾り気のないものですが、数学的に計算しつくされた美しいおもちゃであり、人間の持つ遊び心を最大限に発揮させれば、楽しみ方は無限大といっても言い過ぎではないでしょう！

「大人もワクワク よみがえれ遊び心！」参加者の声
～アンケートの一部のご紹介です～

- ✧ 「大人であっても楽しいときを過ごすことの大切さを体感することが出来た。」
- ✧ 「遊ぶということは、想像力と直感力をフルに働かせるんだなと感じた。」
- ✧ 「おもちゃは単なる物でもあるけれど、物には美しさも必要だ。」
- ✧ 「子どものおもちゃだから、ではなく、子どものおもちゃだからこそ最高のものを作る必要があるという考え方が大正だと思った。」
- ✧ 「積木で遊ぶ、という一言から、イメージや数や重さやの取引きや、本当にいろんなものを感じ取れるものなんだと改めて実感。忘れてしまっていた感覚でした。」
- ✧ 「"遊び"と"おもちゃ"には、ネ申があると思った。」

『好きッ！積木とおもちゃの日々』
著：相沢康夫
発行：ライアの研究所
2006年12月4日 12刷

3

お知らせ

次回ワークショップのご案内

担当講師：野遊びのプロ・**中山康夫氏**

開催日：2010年11月27日(土)　10:00～13:00

場　所：地域交流研究センター(白梅幼稚園内)と玉川上水・遊歩道

内　容：野遊びのプロである中山康夫氏を講師にお迎えし、秋いっ
　　　　ぱいの玉川上水に繰り出して、小平の身近な自然を楽しむ
　　　　遊びを提案します！（天候も自然の一部です。雨天決行！）

同封したアンケートに是非ご協力をお願いいたします。

皆様からのアンケート結果をもとにして、「生涯遊び心プロジェクト」では、これから
らの地域に根差した「遊び心」の広がりに貢献していきたいと考えています。

アンケートの送り先（同封の返信用封筒に入れて郵送してください）

　　〒187-8570

　　東京都小平市小川町 1-830

　　白梅学園大学　企画調整室

　　地域交流研究センター　事務局宛

アンケートについての問い合わせ先：（amano-m@shiraume.ac.jp）

編集後記

この度、やっと「生涯遊び心プロジェクトNEWS」を発行することができました。

子どものうちは有り余るほどに持っている「遊び心」なのに、大人になるにつれて少しずつ薄れてしまいます。決して失くしているぶんではないんです。その証拠に、ワークショップに参加すると、いつもドキドキしながら昔の心を手繰り寄せている自分に出会います。（山路）

ワークショップのスタッフとして関わって発見したことがあります。それは、参加者の皆さんが遊びを通じて見せる表情がとても豊かであるということです。お子真剣な表情、またある時は思わぬ時は笑顔、悔しそうな笑顔・・・いろんな表情に出会えて、スタッフとしても幸せな気持ちになります。（大野）

第8章

模索期：日本保育学会67回大会報告 (2014) を踏まえて

小松歩

1. 幼児期の保育体験の生涯発達における遊び心の形成に及ぼす効果

　幼児教育は幼児の生活を豊かにすると同時に、その後の発達にどう影響するか、という"今"と"その後"の両面から見る必要がある。大切なのは両者の関係である。ここでは、遊びを大切にしている幼稚園を卒園した「おとな」に育っているものを"遊び心の形成"という面でとらえたい。

　白梅幼稚園卒園者であり、わが子を白梅幼稚園に入園させている人を対象に、インタビュー調査を実施した。白梅幼稚園は、遊びを重視しており、卒園者は幼稚園時代、心ゆくまで遊んだと思われる。そのような被保育体験が成人後の遊び観・子育て観の形成にどのように影響しているかをみることが本研究の目的である。

　方法：座談会形式によるフォーカスインタビューを2回実施した。

　第1回　2010年10月22日　於：地域交流研究センター

　　対象　白梅幼稚園卒園者である保護者3名（A、B、C）全員母親、C自身は卒園者ではなく、父親が卒園者

　　聞き手　3名（金田、小松、松本）

　第2回　2010年11月7日　於：地域交流研究センター

　　対象　白梅幼稚園卒園者である保護者2名（D：母おや、E：父親）

　　聞き手　3名（金田、小松、松本）

　主に尋ねたことは①園児であった時の印象、②今につながっていると思うこと、③なぜこの園を選んだか、④今、わが子を見ていて思うことである。保護

者から、どこが良いと思ってこの園を選んだかを語ってもらい、その語りの中から親・大人の遊び心の育ちを読み取る。

インタビューはICレコーダーにより録音し、全記録を文字化した。終了後、聞き手3名で討議し、保護者の語り全体から、保護者が自己の幼稚園時代の園の遊び心が響き、親になってもそれを覚えていて、我が子を同じ園に入園させたというつながりを見出した。

「園の遊び心が子に響き、親になってもそれを覚えていて、そういう園だからわが子を」というつながりがみられた例(Aさんの話から)。Aさんの兄が通っていたころ母親が検査入院し、父親が弁当をつくってくれた。お昼にふたを開けたらピンク色の長いたらこが1本ご飯の上にのっていた。それを見て、兄は「お、俺の弁当こいのぼり」とたらこを鯉のぼりに見立てて楽しみ、友だちも先生も一緒に遊び心で乗ってくれた。今でも、兄妹でその話をして大笑い。そういう園だからこそ我が子を入れたいと思ったという。

参加した卒園者が異口同音に言っていたのは、幼稚園では遊んだ思い出しか残っていない、わが子にもその体験をさせたいということ。Dさんは、皆が歌を歌っているときに、1人別なところにいても、一緒の活動を強制された覚えはなく、その子のやりたいことを伸ばしてくれたのだと理解している。

幼児期に遊び体験を豊かにしたことは、親になったときにもその価値を理解し、大人になっても遊び心を忘れずに、遊びを重視した園を選ぶいわば"審美眼"が育っていることがわかった。ここで示唆されたことを前提として、さらに科学化する道を探ることが今後の課題となる。

以上の研究は、2012年度の日本保育学会で「幼児期の保育体験の生涯発達における遊び心の形成に及ぼす効果」金田利子、小松歩、松本園子、髙田文子、山路千華、日本保育学会第65回大会、2012年5月、東京家政大学)で発表した。

2．白梅幼稚園の保育の特徴と遊び心との関連について

1．で述べたように、心ゆくまで遊べる場になっている白梅幼稚園での保育

を幼児期に経験した親自身の育ちと親・大人の遊び心との関係を探った結果、自身の園体験をわが子にも、という願いには一定の関連があることがわかったが、それだけでは一側面にすぎない。そこで2013年は方法を変え、親が当園の卒園生であるかどうかに関連なく、比較的近年卒園した、小学生を中心とした年代の人たちを「その後」ととらえ、子ども本人とその親とに子どもの「遊び心」につながると思われる質問を行い、遊びを中心とした園の経験がどう「遊び心の形成」に意味をなしているかに焦点を当てて研究した。

　具体的には、その前提となる「遊び心」の形成に影響を及ぼしたと思われる園の保育とはどういうものであるのかを、あらためて実践を観察してその基本を明らかにすること（a）と、卒園生とその保護者に対するアンケート調査の分析（b）とである。

（a）**方法**：白梅幼稚園の3歳児1クラスと5歳児1クラスの保育観察から特徴を抽出し、基本方法＝3層構造（表1）の保育の中での遊び心につながる側面について考察する。

表1　久保田浩の3層構造

第3層：系統的学習活動（順序性を配慮した系統的組織的学習）
第2層：中心になる活動（遊び、仕事を積極的にする生活の核）
第1層：基底になる生活（遊び、生きていく基盤・目的活動の土台）

①3歳児クラスの観察から：2013年9月12日　9:30～12:30共同研究者2名で観察（VTR）

②5歳児クラスの観察：9月20日同上時間

③遊び心と関連すると考えられる場面を観察記録から抽出し、本園の保育方法＝3層構造との関連について考察した。

結果と考察

　3歳児クラスの事例から：子ども17名（男9, 女8）、保育者2名（第1層中心に展開）。

　初めの保育場面は、「お姫様の誕生日ごっこ」「テラスで電車遊び」「お絵かき・

絵本あそび」が展開。続いて外に出て鬼ごっこ的遊びや虫さがしへと続き昼食になる。その中での遊びおよびその間に入る生活場面を含めて、保育者が遊び心をとらえて関わっている場面を抽出した。

①「しらなーい。 しらんぺったんゴリラのあほうどり」＊

　保育室から外へ行く際、靴が片方テラスに落ちている。 保育者 2 が「片づけやりっぱなしのぱなしさんなんですけど、これどなたのでしょう」と、わらべうた風にして訊くと、そばにいた子は、上の＊ように、わらべうた風に返していた。保育者「あら」とゆとりのある対応。

②「ジュース屋さんですよ」と参加。

　お姫様の誕生会に参加したい男児が、「入れて」という直接的参加ではなく、あの手この手で工夫。保育者 1「ジュース屋さんになって届けてくれたよ」とつなぐ。

③オニ（保育者 1）「めちゃめちゃはやった？」みんな「なに、めちゃはやった？」オニ（たとえば）「アヒル小屋がはやった」。みんなが一斉に探しに行く。それが楽しくて仕方がない。

④虫さがしに夢中・・お弁当の時間に入っているが、自分で切りを付けるまで時間を保障。

　例えば、①の場面でありうる対応として「片づけていない人は誰か探し、片付けを促す」ことが考えられるが、それとはまったく異なり、保育者も子どももわらべうたで返すという関係が見られた。前者の場合、子どもに罪悪感が残るが、後者では「遊び心が育つ」と考えられる。

　また、保育者自身が「遊び心」をもって子どもに接していること、子どもの思いを大切にした関わりがなされていると考えられる。

（b）方法：白梅幼稚園では小学 1 ～ 3 年生までの親子を対象とした同窓会を毎年 9 月に開いている。2013年度の同窓会に参加した保護者と子どもに「幼稚園生活に関するアンケート」を配布し、保護者と子ども自身にそれぞれ回答を求めた（表 2）。また担任によりクラス単位の同窓会を開くことがあり2013年

度に集まった４年生にも配布した。当日帰宅時に回収したが、後日提出する場
合は、幼稚園に持参するか郵送してもらった。なお４年生以上の卒園したきょ
うだいがいる場合は、持ち帰り自宅で記入するよう依頼し、後日提出してもらっ
た。

表２　アンケートの質問項目

> 子どもへの質問項目：ア幼稚園生活で一番心に残っている思い出、イ園生活で覚えて
> いること（あそび、生活、行事、友達とのかかわり）、ウ今の生活でおもしろいと思うこと。

> 保護者への質問項目：ア幼稚園生活で１番心に残っていること、イ我が子が小学生に
> なった今、Ｓ幼稚園に通わせて改めて思うこと（良かったこと・気になること）、ウ学校
> や生活場面で「遊び心が残っている」と感じること、その他

結果と考察

1）回収数：卒園児66（男22, 女44）名、保護者35名（計101名）から回答が得
られた。

2）１人ひとりの思いが尊重される保育

卒園児の回答には、卒園後の年数の長短を問わず、園生活の具体的な思い出
が記述されていた（表３）。

「１番の思い出」「あそび」には、どの学年も多様な遊びが挙がり、遊び体験
が生活の中心であったことがわかる。また「小びとの家の屋根滑り」など、と
もすると「危険だから」と禁止されそうな遊びが、中高生となった園児の時代
から続いており、保育者の見守る姿勢がうかがえる。

実際保護者の回答２には「自分の子どもだけでなく、他の子どもも生き生き
と遊んでいた姿を思い出す」「好きな遊びをとことんやらせてもらえた」、「幼
稚園では、やりたいことを十分にのびのびとやらせてもらえてよかったと時々
しみじみと本人が懐かしがっています」等の記述が多かった。

白梅幼稚園の生活の中心は、遊びや生活である。「強制させられることなく
毎日が過ごせ」、子どもは個々に「したい遊び」があり、それをすることが保
障されているとの実感を得ていると言える。

表3　学年ごとにみた主な回答

	1～3年	4～6年	中・高技生
一番の思い出	プレイディ、作品展、高尾山遠足、劇、こいのぼりづくり、小びとの屋根ですべりだいしたこと、お弁当を笑いながら食べたこと	プレイディ、カプラ、つるつるプリン、こまお店ごっこ、プリキュアごっこ、あそんだこと（走る）	プレイディ、みんなで遊んだこと、たくさん走って遊んだこと、わらべうた、こま、こいのぼりづくり、ひよこのお墓
あそび	小びとの家、ブランコ、こまごっこ（おうち、恐竜、きょんしー）、つるつるプリン泥だんご、どろのチョコすくい、やまぶどうの色水遊び、工作、虫探し	カプラ、レゴ、こま、ドロケイ、チャンバラ、サッカー、虫とり色水、わらべうた、おままごと、プリキュアごっこ	木登り、探検ごっこ、チャンバラ、かいせんどん、小びとの家の屋根滑り、ままごと、人形あそび、粘土、レゴわらべうた、こま
生活	砂場当番、チャボ当番（さわった二と、一緒に写真をとったこと、包丁でパンを切ったこと、一度山に登り、小屋を見てから）、お弁当（特別な日のホットケーキ）	チャボ・アヒル当番、お弁当がおいしかった	飼育当番（年長の時、ニワトリを卵から育てたこと、チャボの卵の卵焼きがお弁当に入っていたこと、苦手で近くにくると逃げていた）
行事	プレイディ（リレーで勝った負けたこと）作品展（家や細かい家具を作った、本物ぽくするため工夫）高尾山遠足、動物園	遠足（高尾山、高尾山でスイカを食べたこと）作品展（絵を描くこと）、七夕	プレイディ、夕涼み会年長の劇作りお店屋さんごっこ、作品展の街作り

3）「遊び心」を育てる保育

親子とも「一番残っている思い出」はプレイデイや町づくり（工作）が多い。これらはいわゆる「行事」であるが、発表当日で終わるのではなく、その前後も日々の遊びとして工夫され続いていく。　保護者のウに対する回答から「こうしたら楽しいかな？と常に試している（2年）」「自分で考えた事を工夫して作り遊んでいる（3年）」「難しい勉強も楽しんで取り組んでいる（3年）」卒園児の姿が浮かび、遊び心は残っていると考えられる。

また白梅幼稚園では、プレイデイなどで保護者自身も思いきり遊ぶ（チャンバラや鬼ごっこなど）機会を大切にしている。「（子どもと）一緒にお店やの店員になり、張り切って楽しかった!!」「子どもはもちろん、親も自発的な遊びとはどんなものかがわかり、それを大切にする姿勢が身についてくるように思え

る」など、「遊びを中心とした保育」は保護者が「遊び心」を取り戻すことにもなると思われる。

保護者回答

1．園生活で一番心に残っていること
・子どものペースに合わせ、良いところを伸ばしていただけた。
・年少の時、年長の工作を見て目を輝かせていた。そのときから工作に目覚め毎日のように物作りをしていた（小学生になった今も何かを作ろうと考えている）。
・プレイデー。子どもたちの工夫やがんばりが伝わってきて、大好きな行事だった。
・プレイデー。どうしても他の幼稚園と比べてしまい、地味だなあと思うこともあったが、大人が満足する行事ではなく、子ども主体であるべきだという思いに変わった。
・運動会や劇遊びなど、形式にとらわれず自由な発想を取り入れて行えたこと。
・劇遊び（幼稚園児が自分たちで劇をつくるなんて想像できませんでした）

2．小学生になった今、白梅幼稚園に通わせて思うこと
良かったこと
・新しい友達を作り、苦手なことにも挑戦する姿に驚いている。環境が変わってもがんばっていける力を身につけたような気がする。
・今の息子の姿をみていると、人生で思い切り、何も心配せずに遊べるのは幼稚園までだったのだと改めて思う。その大切な時間を白梅で過ごさせてあげられて良かった。
・たくさん遊べたこと。他の子どもたちも生き生きと遊んでいた姿を思い出します。
・一つの遊びが発展していくと、それを思う存分追究させてくれたのもよかった。
・友達と意見を言い合いながら相談していく過程が良い。それを経て友達同士の良い点をお互いに認めあえる関係になれるところ。
・たくさん遊び、自分で気づき発見し遊びを作り出せるのは、いわゆる「勉強（読み書き等）」をやるのでは身につかない。しかも幼稚園のこの時期にしか身につけられない事だと感じる。
・まわりがよく見える子に育ったと思う。自分の頭で考えてから行動できる。
・自分の世界を大切にしていて自信を持っている。友達とのつきあい方が上手。
・何もかも新鮮で、家に帰って自分なりに発展させている所（アレンジが独走的）
・友達を大切にしているところ。
・「好きなこと、やりたいことを十分にのびのびとやらせてもらえてよかった」と時々しみじみと本人がなつかしがっている。
・入学前、ひらがなを自己流で書いたり、ピアニカを見たことがなかったりで、大丈夫かな、と思っていたが、その分入学後吸収が良かったように感じた。
・集団にすぐになじみ、友達の良い点を認め、自分が他人と違う点があったとしてもひがんだりうらやましがったりしない、まっすぐなところは園生活の成果だと思う。
・自分の目標達成のために根気強くがんばる精神が育った。
・自分をしっかり持っていて、自分のやりたいこと等をはっきり意思表示ができるようになった。
・何か友達とのやりとりで困難なことにぶつかると、必ずあきらめずにどうすればいいか、と考える姿勢が自然に身についている。あなたはどうしたい？と自ら訪ねる姿がある。

気になること
・気が散りやすく、学校生活になじめないような気がする。
・ピアニカなど、他の幼稚園で取り入れられているものが小学校から教わることになり
　ますが、実際特に差し支えはありませんでした。
・一人で集中して遊ぶ、が普通だったので、団体でやらなきゃいけない場面が苦手

②遊び心が残っている
・家では、空き箱工作で遊ぶ道具を作ったり、ゲームを考えたり、劇の話を作ったりし
　ている。
・何か思いつくとすぐに作り始める。本を見たり真似たりするのでなく、自分で考え出
　したことを形にしている。
・何かを決めるとき「えびすだいこく」で選んだり、小さい子にわらべうたで遊んであ
　げる姿が見られる。
・既存の遊び（ゲーム等）ではなく、自分で工作しながら遊具を作り出したりする所（家
　でおもちゃはいらない、使わない）
・学校帰りにどんぐりを拾って帰り、人形や何やらを作って遊んでいる。好きといって
　買ったおもちゃより、飽くことなく遊ぶ。
・家族の誕生日やクリスマスなど、劇を作って披露してくれたり、会の式次第を作って
　盛り上げてくれる。
・図工の時間に粘土で「空想の家をグループで作る」という題の時には、他のグループ
　の子が見に来るような、すばらしい家を作った（グループに白梅卒の男児もいた）。
・個性的でユーモアがあるので、遊び心が残っているなと思う。勉強を、むずかしいもの、
　させられているものと感じる。学ぶことも楽しんで取り組んでいるのも勉強を遊びや
　ゲームのような感覚でとらえ、取り組んでいるように感じる。
③その他
・新しい友達とも、子どもなりに上手につきあっていると感心する。
・子どもはもちろん親も、自発的な遊びとはどんなものなのかわかり、それを大切にす
　る姿勢が身についてくるように思う。
・ピアノを習い始めたが、テキスト通りでなく長調や短調を自分で変えてみて練習して
　「この悲しい感じが好きなんだよね」と言って先生に披露し驚かれた。
・保護者のつながりもたくさんできたので心強い。
・子どもが生まれながらにもつ、よりよく生きる力、創造力、可能性を引き出していた
　だけたのも白梅幼稚園でご縁いただけたお陰だと思います。

　これまでの研究から、「遊び心」とはまさに子どもの心であり、幼児期に自
らの思いを大切にされ、じっくりと活動する機会が保障されることで豊かに育
つ可能性があることが示唆された。また遊びのワークショップなど、大人も子
どもも楽しく遊ぶ機会を設けることで、大人も「遊び心」を思い出し活性化さ
せることができることも明らかとなった。
　しかし、大人の場合には、日常の生活において、ある程度気持ちにゆとりが
ある状況でないと「遊び心」を保って生活することは困難であると言えよう。「遊

び心」を呼び起こせるような生活環境を作り出している事が課題となる。

文献

金田利子、小松歩、松本園子、髙田文子、霜出博子、西井宏之（2014）幼児期の保育体験の生涯発達における遊び心の形成に及ぼす効果②、③、日本保育学会第67回大会

平成21年度〜25年度市立大学戦略的研究基盤形成支援事業研究成果報告書（2014）遊びと学びのコラボレーションによる地域交流システムづくりに関する研究〜大学附属幼稚園を拠点として〜　白梅学園大学附属地域交流研究センター

第9章

展開期：日本保育学会第70回から第72回大会報告（2017〜2019）を踏まえて

山路千華

はじめに

　本章では、第8章の研究模索期から3年を経て、大人の遊び心が主に"子どもと関わる大人"にどのように育つのかを検討することとして保育学会第70回大会（2017年）から第72回（2019年）の3年間の間、6回に分け、「遊びによる子どもの育つ地域環境づくり」として、研究発表を行ってきたことについて報告する。保育用語辞典によれば、「保育者ということばも保育するものとしての働きの面に着目した呼称で、広義には幼稚園教諭、保育所保育士に限らず、親もすべての幼稚園や保育所のスタッフも包含することばである。―中略―狭義には、幼稚園や保育所で直接的に子どもの保育にたずさわるものについての、そうした共通の働きに着目したことばとして用いられる場合が多い。」（p,182）とある。この展開期の筆者らの研究では、子どもの育つ地域という場

表1　日本保育学会での関連発表一覧

大会	発表タイトル	発表者
第70回	遊びによる子どもの育つ地域環境作りⅠ（抄録掲載 p.439） ―大人の遊びの研究序説―	○金田、小松、瀧口、山路
	遊びによる子どもの育つ地域環境作りⅡ（抄録掲載 p.440） −子育て支援関係者の遊び観に関する調査研究考	○山路、金田、小松、瀧口
第71回	遊びによる子どもの育つ地域環境作りⅢ（抄録掲載 p.423） −子育て支援関係者・保育者の遊び観に関する調査研究から	○小松、金田、瀧口、山路
	遊びによる子どもの育つ地域環境作りⅣ（抄録掲載 p.424） ―続・「大人の遊び研究」の視点から―	○金田、小松、瀧口、山路
第72回	遊びによる子どもの育つ地域環境作りⅤ（抄録掲載 p.K449、450） −東京都下における保育者の遊び観に関する調査研究から	○小松、金田、瀧口、山路
	遊びによる子どもの育つ地域環境作りⅥ（抄録掲載 p.K451、452） −東京都下における保護者の遊び観に関する調査研究から	○瀧口、小松、金田、山路

123

の地域支援のリーダーや保護者を対象として調査したものもあり、幅広く子育てに関わる大人の遊び心について考えてきた。

　表1のとおり、研究を重ね、日本保育学会での発表の場を設けてきたが、本章ではその展開期の研究を概観する。研究Ⅰ、Ⅳについては、大人の遊び心について様々な研究者の理論から読み解いている。研究Ⅱ、Ⅵについては、地域づくりのリーダーや、東京都小平市（以下、小平市）の子どもを保育所、幼稚園等に預けている保護者など、地域の子育てに直接かかわる大人の遊び心について分析している。また、研究Ⅲ、Ⅴでは、栃木県小山市（以下、小山市）や小平市の保育所、幼稚園等に勤務する保育者について、その遊び心の分析を行っている。

1．大人の「遊び心」と地域環境

　「遊び心」とは、子ども時代ほとんどすべての子どもが持っていた「子ども心」そのものであり、大人が遊び心をもっていれば、子どもが大人に理解され、双方の交流が可能になる。町中がこうした遊び心で満たされた時、子どもも育ちやすくなるのではないかと想定することができる。特に、展開期の研究では「遊び心は人間にとって大切な動機であり、子ども期だけでなく生涯遊び心を持ち続けることで、人間が豊かに発達するのではないか」との仮説から、大人も子どもも生きにくくなっている現代において、子どもの心を大人に回復させ、子育てや生活を「おもしろがる」という「遊び心」で地域の繋がりを再構築する試みについて考察している。

2．今日の日本における大人の遊び研究

(1) 大人の遊びの研究序説

　研究Ⅰでは、今日の日本における地域づくりのリーダー的立場の大人の遊び

心の育成が必要と思われる事態について整理しつつ、大人の遊び観は子どもの遊びとどうかかわるのか、子どもとかかわる大人の遊び観の育成の方向についての構案を目的として行った。

　幼児期の遊びとはというとき、現行の幼稚園教育要領では、「遊びは、遊ぶこと自体が目的であり、人の役に立つ何らかの成果を生み出すことが目的ではない」（p.34）とされているが、研究Ⅱの調査では、地域づくりのリーダー的立場の大人の約半数が「知的能力・社会性・運動能力を育てるもの」というように遊びを諸能力育成の手段のようにとらえている現状がある。

　増山（2004）は、日本のリーダーは学校外の取り組みにも「校外教育」「環境教育」「体験学習」等の名前を付け、それ自体を楽しむより目的を先行させていると言う。IPA（国際遊び協会日本支部）等も子どもの権利条約31条への取り組みの弱さを指摘している。また遊びは、発達過程において幼児期の主導的活動だと言える。大人の主導的活動は労働（仕事）になり、大人の遊びも面白いから行うことには違いないが主導的活動ではない。ただし、労働もそれ自体が面白く自己実現につながる（A）場合は自己確証視点で「遊び」になる。また、学ぶこと自体が面白いという学びは発達段階を問わずAの意味での「遊び」とも言える。その面白さの本質は自我の揺れ動きにあろう。

　一方で、そのほか文化としての遊び（遊女論も含めて）等、様々な遊びの概念がある。ここでは、A以外の代表的な概念として余暇・余裕など「自由時間」（B）として置き、AとBとの関係をとらえることにする。

　子どもの権利条約31条（余暇・遊び・文化の権利）は、大人にも必要な権利であるが、日本の場合その保障が極端に低く、過労死はその典型である。子どもが面白がっている行為が社会的常識からみて外れていても遊び心で接するということができない大人が多い原因は遊び観にあるだけではなく、余裕のない生活から来ることも極めて多い。

　自由時間はゆとりを生み、考える間ができ、遊び心や文化を生み出す素地ができる。理想のかかわりと忙しい中での関わりの違いに着眼するところから遊びの理論も併せつつ、面白いことを見つけ楽しむ道を開く。大人の遊び観の育

成と遊びによる地域づくりを考えるとき、そのことが、本テーマへの急がば回りの道ではないか。

(2) 続・「大人の遊び研究」の視点から

　研究Ⅳでは、研究Ⅰ・Ⅱでの到達点からさらに大人の遊び心について考察している。大人の遊び考序説での到達点は、「子どもの育つ地域環境作り」を担う大人たち（地域づくりのリーダー的存在で60歳以上）の遊び観は、「それを通して子どもたちの発達等に役立つ」というように手段化したものが多くの比率を占めており、そこに問題が見い出された。しかし、社会的常識に馴染まない類の子どもの遊びを見てどうするかについては、まず制止の方向で注意するが、本当は面白いと共感していたり、初めに面白さに共感したが、やはり制止も必要と思ったりというように、2つの目を持っていること、それが養育責任を持っている大人の状況によって、制止の方が強く働いてしまうことがわかった。そこから、大人も遊び心を持っているが、それを発揮していくには、大人たちにもっと自由な時間が必要という、大人の遊び心発揮の条件確保の必要性という方向で論じた。そこで、さらに同じ調査を20～60代の保育者に行った研究Ⅲの結果を受けて、大人の遊びを、子どもにも共通する遊び心の点からさらに深めていく。研究Ⅰの文献にさらに加えた文献から地域づくりのリーダー的存在の大人と保育者の共通性を支える理論的検討を行なう。

　研究Ⅲ（保育者の遊び観）と研究Ⅱ（地域づくりのリーダー的存在の大人の遊び観）との比較検討から、保育者は、地域づくりのリーダー的存在の大人たちよりは、傾向として、社会的常識に馴染まないことに子どもが面白がっているときは共感する場合が多いということが分かった。それでも、よく考えてみると、片づけは必要であるとか、TPOによっては注意が必要ではないかというような視点を持ちながら共感している。また、保育者であっても、即注意してしまうものも皆無ではない。しかし、自由記述をみると、「よく考えると、共感する」が増す。つまり保育者は職業柄、より遊び心が身についているが、どちらの大人も理想と現実の間を揺れ動いていることがわかる。どちらも子どもの知的発

達や社会性を保障しなければという使命感があるが、保育者の方が子どもとかかわる専門家であるところからか、子どもが面白がっていることへの共感性が高いということがわかる。しかし、即の行為と考えてからとの差が見られたが、結果を協力者に返しその差について自ら考察していく道の用意も主体形成の上で重要ではないか。こう見ると、大人もその素地には遊び心を十分に持っている。その遊び心の本質は何か、これまでの遊びの古典や研究 I の 2 文献に加え、そこでは未考察であった麻生武（2007）の哺乳動物の本能的な遊び心の発生的研究を加えて検討した結果、遊び心は、人間の本性の一つではないかと提起したい。今日、労働（社会的労働＋家事労働）以外の自由時間と、これは注意すべきという規範意識に縛られない気持ちの自由とを保障するとき、大人も人間本来のもつ遊び心が発揮でき、「遊びによる子どもの育つ地域環境作り」に一層近づけるのではと示唆された。

(3) 研究 I および研究IVでの引用・参考文献

麻生武（2007）「遊びって何？」発達と教育の心理学、培風館

増山均（2004）余暇・遊び・文化の権利と子どもの自由世界、青踏社

森上史郎・柏女霊峰／編（2015）保育用語辞典〔第 8 版〕、ミネルヴァ書房

文部科学省、幼稚園教育要領解説、フレーベル館

尾関周二（1992）遊びと生活の哲学、大月書店

3．大人の遊び観に関する調査研究から

研究 II、研究III、研究V、研究VIは、大人の遊び観に関する質問紙調査から研究を進めている。回答者の属性は表 2 のとおりである。

研究 II は、地域づくりのリーダー的存在の大人の遊び観・遊び心に関する調査の上に立つ研究であるが、選択肢法の結果（前章で示した第67回日本保育学会ポスター発表「大学を拠点とした遊び WS の効果」）を基にインタビュー（半構造化面接法）を行ったのち、質問紙の再検討を行い、研究III以降の質問紙調査を

表2　調査対象者の属性一覧

研究	調査対象者	詳細
Ⅱ	地域の子育て支援者 9 名	地域ネットの会参加者 9 名（年齢は40代 1 名、60代 4 名、70代 3 名、80代 1 名）。
Ⅲ	小山市の保育者155名	小山市私立保育園協議会主催の研修会に参加した保育士183名（保育園23園）。155名回答（回収率84.7％）。
Ⅴ	小平市の保育者125名	小平市の保育者125名（私立幼稚園 2 園26名、私立保育園11園99名）。
Ⅵ	小平市の保護者173名	回答者は合計で166名（男性 9 名、女性157名）。各家庭にいる子どもの年齢内訳： 1 歳27名、 2 歳28名、 3 歳32名、 4 歳58名、 5 歳98名、小学生71名、中学生 5 名。

作成した。研究Ⅲ以降のベースとなった質問紙調査が、次に掲載した図 1 である。遊びについての基本的な考え方等を問 1 ・ 2 で聞き、問 3 では常識になじまない行動をした子どもの事例から大人の遊び心を探っている。問 4 以降では、地域の中にある公園についての意識や子育ての雰囲気についての調査から、大人の遊び心と地域への大人のまなざしを分析している。ここでは、この質問紙

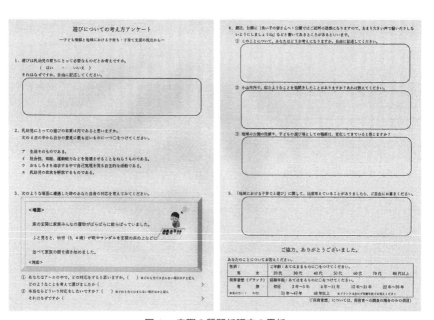

図 1　実際の質問紙調査の用紙

調査を基に、様々な大人の遊び心についての分析結果をまとめていく。

4．質問紙調査の結果から

(1) 問1：大人の遊び観についての捉え方

　ここでは、質問を「乳幼児にとって遊びは必要なものだと思いますか？」としている。研究Ⅱ、研究Ⅲ、研究Ⅴ、研究Ⅵにおいて問1に回答したすべての大人（459名）が「必要である」と回答している。

　乳幼児にとって遊びが必要な理由としては、「生きる基礎となる基本的生活習慣が身に付くから」「遊ぶことで創造力が身に付くから」「心身の成長を促すものだから」「遊びを通して様々な感情を得ていくから」といったものが挙げられた。

(2) 問2：遊びの本質についての理解

　質問項目は「乳幼児にとっての遊びの本質はなんであると思いますか」というもので、回答は以下（ア．生活そのものである／イ．社会性、知能、運動能力などを発達させることをねらうものである／ウ．おもしろさを追求する中で自己実現を図る自主的な活動である／エ．幼児の欲求を解放するものである）の4項目から1つを選択、回答するものである。

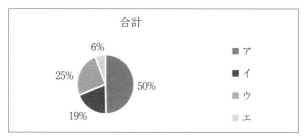

図2

　問2に回答した全ての大人455名の内、半数の226名が、回答を「ア．生活そのものである」としている。続いて、「ウ．おもしろさを追求する中で自己実現を図る自主的な活動である」が114名、次に「イ．社会性、知能、運動能力などを発達させることをねらうものである」が88名、最後に「エ．幼児の欲求を解放するものである」が27名となっている。

①研究Ⅲ（小山市の保育者の回答から）

　図3は保育士の経験年数別に見た遊び観の違いである。

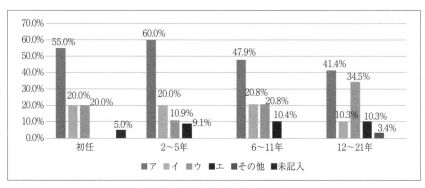

図3　保育経験年数別遊び観の違い

　図より、全体として「ア．生活そのもの」が多く、2年目以降、経験年数を増すにつれ減少すること、「イ．社会性などを発達させることをねらうもの」は20％程度であることがわかる。一方、「ウ．おもしろさを追求する中で自己実現を図る自主的な活動」は経験年数とともに割合が増え、12年以上ではアとウは僅差となる。

②研究Ⅴ（小平市の保育者の回答から）

　図4は保育者の年齢別に見た遊び観の違いである。

　図より、全体として「ア．生活そのもの」が多いこと、「イ．社会性などを発達させることをねらうもの」の割合は、20代は約20％と他の年齢群に比べて高いこと、また「ウ．おもしろさを追求する中で自己実現を図る自主的な活動」は年齢とともに割合が増え、50代ではアとウが僅差となり、60代以上では逆転する。小山市の調査でも、アとイの年齢別変化はほぼ同じであるが、「ウ．お

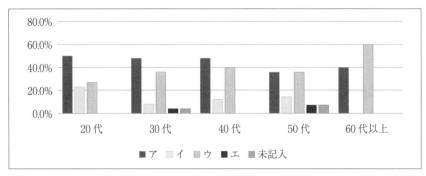

図4　年齢別遊び観の違い

もしろさを追求する中で自己実現を図る自主的な活動」の回答には差がみられ
る。小山市ではウの割合は20代ではア、イよりも低く、その後年齢が上がるに
つれて増えるものの30％程度なのに対し、小平市では20代でもイの割合よりも
高く、他の年齢でも小山市よりも高い割合となっている。

　図5は保育者の経験年数別に見た遊び観の違いである。どの経験年数群も
「ア.生活そのもの」の割合が高い。また、初任者の回答はアと「イ.社会性な
どを発達させることをねらうもの」のみであるが、2年目以降、経験年数を増
すにつれイの割合は減少し、逆に「ウ.おもしろさを追求する自主的な活動」
が40％程度まで増える。小山市では初任者でもウの回答が20％程見られたが、
逆に2〜11年の群ではウの割合は20％に満たず、イよりも低かったことと対照

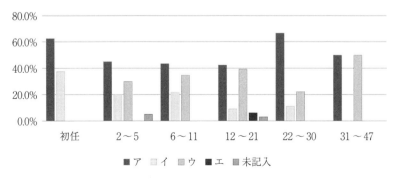

図5　保育経験年数別遊び観の違い

的である。

　「遊びの必要性」については全員が必要と回答したが、自由記述の内容を見ると「遊びは子どもにとって生活そのもの」「子どもはあそびの中で学んでいる」「考える力、ルール、人間関係など様々な事を学ぶ機会がある」「何よりたのしいと思える主体的な活動が遊び」など、理由は多様である。「幼稚園教育要領」「保育所保育指針」の改訂内容を保育所保育指針で見ると「指導」から「援助」へ、「環境による保育」「子ども中心」(1990)、「遊びによる保育」(2008)「非認知能力」(2018)などがキーワードとなる。経験年数により養成課程も異なるが、「遊び観」をどのように育むかは実際の保育実践が影響していると考えられる。

③研究Ⅵ（小平市の保護者の回答から）

　図6は小平市の保護者の遊び観についての回答である。

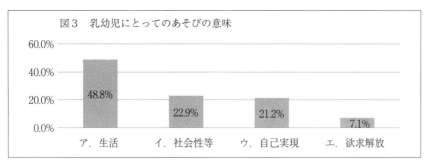

図6

　遊びの必要性については173人が全員「はい」と答えている。保護者としても子どもにとって遊びが持つ意味を意識していることが分かる。保護者として実際は子ども達とゆとりをもって接したいと思いながら、日常は周りとの関係や親としての責任が問われる中で、とにかくその日を過ごしているという姿が見えてきた。言い換えれば環境が変われば本来の見方を踏まえた子育てができるという原点も失っていないことも見えてきた。

(3) 問3：子どもの行動に対する大人の対応

　質問項目は、「次のような場合、あなたはどういう対応をされていますか。

また、本当ならどういう対応をしたいですか？ア～オでお答えください」とい
うものである。事例は「家の玄関に家族みんなの履物がばらばらにちらばって
いました。ふと見ると、幼児（3、4歳）が靴やサンダルを玄関の床の上など
に並べて家族の顔を描き始めました」という場面である。回答の選択肢は、次
のアからエまでの4項目と、オとして、その他の欄を設けている。

（ア.なにしてるの！キッタナイ、きちんと並べて手を洗ってらっしゃい／イ.「お
もしろい！」と思って、見守るか、声をかけるか、あるいは一緒にやり始める／ウ.「お
クツは何するものだったかな」と片付けることを暗に促す／エ.そんなことするなら、
もう新しいクツは買ってあげないからね／オ.その他）この問いでは、子どもが社
会的に常識になじまない行動をとった時に、大人がどのように対応するのかを
具体的な子どものいたずら場面での事例を示して分析している。

①研究Ⅱ（地域の子育て支援者の回答から）

　遊びの本質も自身の対応も「おもしろさ」を挙げた人は2名であるが、本当
はしたい対応を見ると、9名中8名が子どもとおもしろさを共有しており、「子
どものすることは、大人の価値観で決めつけない方がよい」との意見が多く、
基本的に『遊び心』をもった大人だと言える。

表3　インタビューによる質問紙の回答の変化

遊びの本質	実際しがちな対応	本当はしたい対応	人数
ア　生活そのもの	ア	ウ	1
	①ウ→イ	イ	2
	イ	イ	2
イ　知能などの発達をねらう	ウ	②イ（ウ）	1
	イ		1
ウ　おもしろさを追求	イ	イ	2

　選択した理由を尋ねた結果、表中3名が「現実の対応」は異なっていた。①
実際にしがちな対応（ウ→イ）の回答者は、「本当はおもしろいと言いたいが、
その時の状況やゆとりがあるかないかで、片付けた方がいいじゃない？と言う」
と述べた。またイと回答したが「急いでいて片付けたいときは、これまでの遊
びは認め「おしまい」と宣言し、片付ける」といった回答も見られ、大人に余

裕があるかどうかが影響することも示唆された。一方②の回答者は、話を聞いて見ると「遊びにはおもしろさの要素があると思うが、ある意味当たり前で、その結果知能などが育ってほしいと思う」との回答で、元の回答に近いものだった。

②研究Ⅲ（小山市の保育者の回答から）

図7、8は下記のような遊び場面での対応（よくしがちな対応と、本当はこうしたい対応）を経験年数別に示したものである。

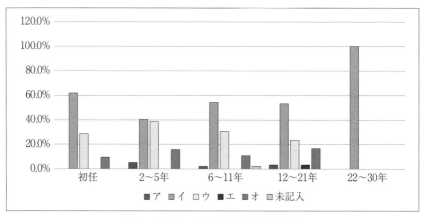

図7　よくしがちな対応（経験年数別）

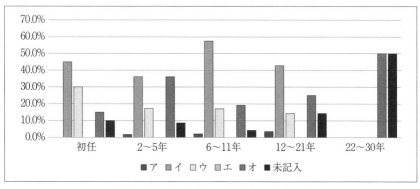

図8　本当はこうしたい対応（経験年数別）

どの経験年数の保育者も、よくしがちな対応も本当はしたい対応も、「イ．おもしろい」と共感する回答が多い。自由記述では「子どもの価値観を大切にし

たい」「発想力がおもしろい」等、子どもが面白いと感じることを受けとめる
姿勢がうかがえる。一方しがちな対応はウ、本当にしたい対応はイと変化する
人や、したい対応では１つを選択せず意見を記述する人も多い（オ）。内容を
見ると「子どもの様子を見守り、満足したら一緒に片付ける」等、まず子ども
の気持ちに共感し、同時に教育的な関わりも意識する意見が多い。また各１名、
ア「我が子が家でしていたら」、エ「自分の気持ちの持ちようで対応が異なる」
との意見もあった。

　保育者は地域づくりのリーダー的存在の大人に比べ、より遊び心を持ってい
ると考えられること、しかし現実と理想の対応には差があることがわかる。こ
の結果を保育者に返し、この差がどこからくるかを検討する機会をつくること
で、保育や遊びによる地域づくりに活かせると考える。

③研究Ⅴ（小平市の保育者の回答から）

　図９、10は遊び場面での対応（よくしがちな対応と、本当はこうしたい対応）
を経験年数別に示したものである。

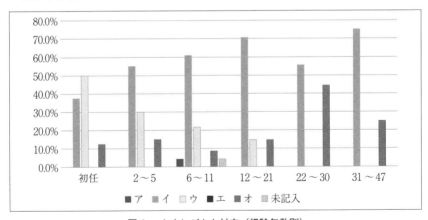

図９　よくしがちな対応（経験年数別）

　初任者を除くどの経験年数の保育者も、よくしがちな対応は、「イ．おもし
ろい」と共感する回答が50％を超えもっとも多いのに対し、初任者は「ウ．片
付けを促す」が、よくしがちな対応、本当はしたい対応ともにもっとも多い。
また本当はしたい対応で「ア．手洗いを促す」が見られるのも初任者が多い。

小山市では、どの経験年数群もイが多かったことと比べても、初任者の回答は異なっている。

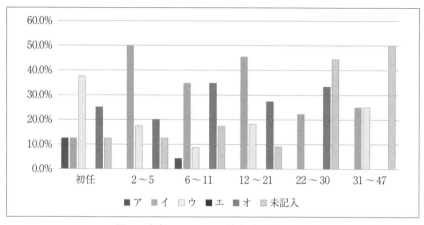

図10　本当はこうしたい対応（経験年数別）

　自由記述を見ると、初任者はイ「靴から家族の顔をつくることを連想するおもしろさを大切にしたい。最終的に元に戻せばいい」という者もいるが、ウ「まずは見守り、その後片付けを促す」「遊ぶものではない」「くつの正しい使い方を知ってほしい」などが多い。他の経験年数群では、イ「楽しいこと、面白いことをしている」「子どもの価値観を大切にしたい」「発想の豊かさに敬意を払う」「くつをくつとして使うのは大人の発想。こういう子どもの発想を面白がりたい」等の回答が多い。一方で、ウ「その場では片付けてほしいと思いそう」「玄関は遊ぶ場所ではない」「くつはおもちゃではない」等も見られた。

　これらの結果から、小平市の保育者は、全体として「遊び心」を持っていると考えられる。2018年施行の「幼稚園教育要領」「保育所保育指針」「認定こども園教育・保育要領」では「遊びによる保育」だけでなく、「主体的・対話的で深い学びの保育」の実践や「非認知能力」をどう育むかが求められている。自由記述を見ると、保育者はこうしたことを意識しながら、子どもの思いを大切にし、子ども主体の遊びを実践しようと努力している姿も見える。初任者は「遊びによる保育」について養成課程で学び、実践しようとしながらも、余裕

がなかったり迷いがあったりすると考えられるが、個々の保育者が考えている事を共有しあい、認め合う関係が深まれば、初任者もよい影響を受け、各園でのよりよい実践につながると思われる。

④研究Ⅵ（小平市の保護者の回答から）

　遊んでいる場面の状況について保護者はどのように考えて、どのように反応するのだろうか。研究Ⅴの保育者調査の２〜３年目の保育者と同様の傾向がある。

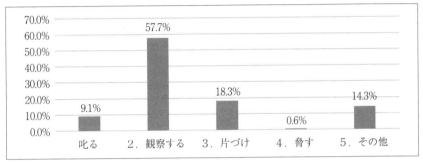

図11　よくしがちな対応

　保護者達の多くは子どもに寄り添って「イ．おもしろいと見守る」という回答が多かった。設問は他にも「ウ．片づけを促す」、「ア．手洗いを促す」などの内容もあり、保護者としては意識していることが読み取れる。

　さらに本当はどうしたいのかという問いかけには「ア．手洗いを促す」「イ．おもしろいと見守る」「ウ．片付けを促す」がそれぞれ減少し、「オ．その他」が増える。よくしがちな対応で「ア．手洗いを促す」と答えた16名のうち、本当はしたい対応では「イ．おもしろいと見守る」に変化したのは10名、「ウ．片付けを促す」へは５名である。多くの母親が本来は子どもたちの成長をゆっくりと「イ．おもしろいと見守る」対応をしたいと思いながら、子どものしつけ等に追われてしまうという状況があると思われる。また初めに「イ．おもしろいと見守る」と答えた101名の内「オ．その他」に移った数が41名あるが、そのうち多くは片付けまで考えていると答えている。また「ウ．片付けを促す」に移ったのは９名である。これらから、思いとは裏腹に、しつけから離れられない親

の姿が見えてくる。

　一方で「ウ.片付けを促す」と答えていた32名のうち26名が「イ.おもしろいと見守る」に移り、「オ.その他」に３名が移っている。尚、よくしがちな対応で「オ.その他」と答えた25名のうち「イ.おもしろいと見守る」に移ったのが８名である。最初の問いではどちらにするか迷っていたが、本来はと問われて子どもに寄り添うことを選んだと思われる。

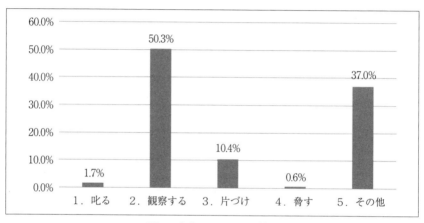

図12　本当はこうしたい対応

　これらの回答の変化から見ると、本来は子どもにゆとりをもって対応したいと思っていながら日常の対応が揺れている親の姿が読み取れる。

(4) 問4：地域のあそび場（公園など）について

　問の４では遊び場について聞いている。最近都市部では公園に「大きな声を出さないように」という看板等が出されていることについてどう思うか聞いた。記述式なので統計的な数値として出しにくいが、親の気持ちとして困惑している様子が書き込まれている。中には仕方がないとあきらめている声もあるが、多くはもっと寛容に対応してほしいという声が強い。「腹が立つ」と怒りを持っている親もある。親として声を出しても良い公園まであえて出かけていくという回答も複数あった。

　ただ小平市は東京の都心から 1 時間程度離れているので、まだまだ実際に「怒られた」というような機会は少ないようである。

　「地域の公園の役割の変化」については多くの記述が、子どもが自由に遊べる場が少なくなってきている中で、役割の重要性を主張する声が多い。特に現在は遊び場が屋内に限られてきてしまっているので、屋外で自然の中で遊ぶ事の重要性を感じているという回答が多い。

　「地域における子育てと遊び」についての意見では、子どものあそび場にお金がかかるようになってきていることへの不満や不安、大人と子どものコミュニケーションを豊かにする遊びや遊び場の不足、子どもが自由にのびのびと遊べる公園の必要性、子どもだけでなく大人も遊びを知らなくなっているので、遊びを教えるところがほしいという声も少なくない。

　この回答については、第10章について詳述している。

5　まとめとして

　本章では、「遊びによる子どもの育つ地域環境作り」研究 I ～ VI について概観した。地域づくりのリーダー的存在の大人も、保育者も保護者も、それぞれの立場から、判断し選択する対応に若干の違いはあるものの、一様に、本来ならば子どもの社会的な常識に馴染まない行動を子どもならではの発想として大切にしたいと望んでいる。そのような子ども心に寄り添った対応をするための "ゆとり" を求めていることが明らかとなった。

文献

初見健一（2013）子どもの遊び黄金時代、光文社

藤本浩之輔（1974）子どもの遊び空間、日本放送協会

河崎道夫編（1983）子どものあそびと発達、ひとなる書房

守屋毅（1984）日本人の遊びごころ、PHP

大前研一（1991）遊びごころ、新潮社

下山田裕彦・結城敏也編（1991）遊びの思想、川島書店

IV部

資料編

第10章

保育者・保護者等の「遊び場」への願い
−記述回答分析から−

瀧口　優

はじめに

　第10章はこの間の調査で書き込まれた記述式の部分を整理分析する。第1と
して2016年の小平市西地区地域ネットワーク世話人を対象としたもの、第2と
して2017年の栃木県小山市における保育者への調査、第3として2018年の東京
都小平市における保育者への調査、第4として2018年の東京都小平市における
保護者への調査である。第5として全体の考察を入れた。

１．小平市西地区地域ネットワーク地域世話人への調査

　「遊び心」の調査を行うにあたって、まず子どもや子育て支援への理解があ
る人々へのアンケートが行われた。白梅学園大学・白梅学園短期大学が中心と
なって2012年に組織した「小平西地区地域ネットワーク」（以下「西ネット」）は、
小平市の西地域に位置する大学が、小平市の一部を視野に、顔と顔の見える地
域づくりを地域の有志と共に始めたものである。2016年にその「西ネット」の
地域世話人を対象に、子どもの遊びについてのアンケート調査を行った。その
詳細については保育学会での発表や白梅学園大学・短期大学紀要等に報告して
いる。

　しかし記述部分については、十分な展開ができず分析が行われていなかった。
質問項目（問いかけ）と地域世話人の回答は以下の通りである。

(1)「公園の制限について」

＜問いかけ＞

①最近、公園に「良い子の皆さんへ：公園ではご近所の迷惑になりますので、あまり大きい声で騒いだりしないようにしましょうね」などと書いてあるところがあるといいます。このことについて、あなたはどうお考えになりますか。自由に記述してください」

　以上の問いかけに対して15人の回答があり、それを5つの内容で分類した。この5項目についてはその他の調査との整合性を取るために同一の基準としてある。

＜回答＞

ア．子どもの立場に立って声を出して遊ぶことを擁護している（9人）

・子どもの声の聞こえないまちは、気持ち悪いし不自然だと思う。子どもは基本に思いっきり遊ばせることが必要なので抑制はダメだと思う。

・子どもの声がうるさいという訴えそのものがわからない。子どもは元気よく遊び走りまわり、騒ぐものである。その営みを抑制すること自体が不健全だと思う。

イ．公園とは何かを問いかけている（2人）

・公園とは子どもにとって本来、友人等と遊び騒ぐ場所と考える。しかし、現状公園が幅広い世代（特に高齢世代）を対象として"居場所"として機能していることもあり、一般的な社会のルールを公園に適用する状況があるのではないか。世代間交流の場としての公園が現状、公園が目指すべきところでしょうか？・

ウ．一定のルールを守りながら声を出して遊ぶことも必要（1人）

・現代の社会ではしょうがないのかなあとも思います。

エ．公園の位置、周辺環境の整備が重要である（3人）

・悲しいことだ。子どもが子どもらしく遊べない。近隣、行政は、考えなおさ

なければならない。

オ．高齢者や病弱者への配慮は必要である（0人）

(2)「地域における子育てと遊びについての考え」

＜問いかけ＞

②「地域における子育てと遊び」に関して、日頃考えていることがありましたら、ご自由にお書きください。

＜回答＞

ア．自由に遊べる場所が必要である。（1）

・大人が伸び伸び暮らしていないと、子どもは伸び伸び遊べないし、生きて行けない。

イ．子育ての相談ができる場所が必要である。（0）

ウ．子育てにあたって地域の果たす役割が大きい（1）

・子育ても遊びも地域ぐるみで行う事が重要。

エ．世代間交流をすすめる必要がある（4）

・もう少し昔遊び等を介して世代間交流を望む

・職業柄、高齢者との交流が出来ることが良い経験（老人、子ども両者にとって）になるのではないか。交流にあたっては、親世代の理解を得る必要性も感じるが、そのハードルが昔よりも高くなっているように感じている。

・いろいろな世代の方（特に自分よりも年上の方）から、あそびを教えて頂きたい。（おはじき、お手玉、まりつき、たこあげ、えかきうた…etc…）自分の体を使い、どこででも、一人でも、仲間とでも楽しめるコミュニケーションがとれるもの

オ．遊びを通して子どもは発達していくものである（1）

・子どもはおかれた場所で工夫して（道具など）無限の遊び方を知っている

カ．子どもの遊び場としての公園の重要さ（1）

・子どもたちをのびのびと育てるために遊びは大切。大人と子どもが率直に遊びについて話し合える場をもったらよいと思う。

キ．地域で子育てを見守る必要（1）

・やりたい事はたくさんあるのですが、時間がなく、1人の人がやれることは……と最近思っています。

ク．その他（2）

・地域で見かける子どもが少なく、普段あまり考えることが少ない。今後、心をとどめたい。

2　小山市の保育者への調査

　2018年12月、栃木県小山市内の保育園に勤める保育者に対して上記の地域世話人とほぼ同じ内容でのアンケート調査を行った。その主要な部分は第Ⅲ部の学会等の発表で報告されている。ここでは最後に記述式で回答を求めたところの簡単な分類と分析を行いたい。

(1)「公園の制限について」

＜問いかけ＞

①最近、公園に「良い子の皆さんへ：公園ではご近所の迷惑になりますので、あまり大きい声で騒いだりしないようにしましょうね」などと書いてあるところがあるといいます。このことについて、あなたはどうお考えになりますか。自由に記述してください」

＜回答＞153名中149名が回答

ア．子どもの立場に立って声を出して遊ぶことを擁護している（58人）

・「良い子」は何をもって良い子となるのか。大人が大きな声で騒ぐことは迷惑になると思うが、子どもが元気に遊ぶことは子どもの仕事だと思うため、あまり制限はかけたくないと感じる。

・公園で子どもたちが遊ぶときに、騒がないというのは難しいことだし、楽しく遊べないと思います。時間によっては迷惑になることもあると思うけど、書き方を変えるべきだと思います。

・地域のひと全体で子どもを育てていくべきだと思う。子どもは遊ぶことが仕事だと思うのでそれを大人が妨げるのは違うと思う。

・子どもが遊ぶ空間として作られていると周りの共通理解もあると思うので、大きな声を出してのびのび遊んでもいいのではと考える。小学・中学と自分で場に応じた声の大きさ態度など知っていける機会はたくさんあると考える。それまでのあいだ、周りの人々にも考慮してもらえる環境になればと思う。

・公園は子どもが思い切り遊べる場でなくてはならないと思います。そこで、大きい声を出さないというのはなんだか切なくなります。もちろん騒ぎ方もあるのでしょうが‥‥‥。

イ．公園とは何かを問いかけている（42人）

・公園は遊ぶために作られているもので、子どもにとって静かに遊ぶことは自由ではなく強制されたものになってしまうので、子どもらしく遊べるなら、大きな声を出しても私は良いと思う。

・子どもを見守る、子育ての環境は変わってきているように感じる。自分が小さい頃は注意されることもなく、公園で遊ぶよう言われていた。すべての場所で注意書きがされているわけではないと思うが、地域で見守れる環境が増えるといいと思う。

ウ．一定のルールを守りながら声を出して遊ぶことも必要（35人）

・最近、生活音が原因で事件になっているのをニュースでよく見ます。なので、子どもには広々と自由に遊んでほしいけれど、場所を考えて遊ぶことも必要になると思います。

・公共の場として、ルールを守る事や他者への気遣いをする事は必要だと思う一方で、子どもが十分に思い切り遊べる場でない事に残念さも感じる。

・本来公園は遊ぶところであるのに、大きな声で遊ぶことができないのは、子どもにとっては無理なのではないかと思う。しかしあまりに大騒ぎすることは周りに迷惑をかけることになってしまうので、子どもだけでなく大人も気を付けなければいけないなと思う。

エ．公園の位置、周辺環境の整備が重要である（8人）

・ご近所の迷惑になってしまうのはよく分かります。しかし子どもがある程度
　さわげる環境を与えることも重要です。公園などの場所をもっとよく考えた
　ら良いと思います。

・お家で大きい声を出せないので公園くらいで思いっきり開放的にしてあげた
　いと思うので、どの程度なのかがあいまいだと逆に困ります。そもそもこの
　ような場所に作るべきではないと思います。

オ．高齢者や病弱者への配慮は必要である（6人）

・自分が生まれたばかりの赤ちゃんを寝かしつけて、大声の子どもの声でイ
　ラッとしてしまったことはあります。いろいろな家族が住んでいることを考
　えると、その通りだと思いますが、子どもは楽しくなると大声を出す。そん
　な楽しい時を見守れる大人の社会と余裕をもちたいものです。

・人それぞれ生活リズム（仕事や休日等）が違うので、お互いに配慮して安心
　して過ごせるようになるのかと思う。

＜問いかけ＞

②地域の公園の役割や子どもの遊び場としての機能は変化してきていると感じ
　ますか。

＜回答＞153人中112人

ア．子どもの「遊び場」としての機能の重要性を確認してほしい（13）

・子どもだけで自由に遊べる場所が減ったことで好きな遊びをすることができ
　なくなってきていると思う。

・公園の数は減ってきているし、大型遊具も撤去されているのが悲しい。思い
　きり子ども達が遊べる場所がなくなってきているように思う。

・私が子どもの時より子どもたちの存在を受け入れてくれる大人が減ってきて
　いるように感じます。子どもが大きな声を出したり、泣いてしまうのは当た
　り前ですが理解してもらえず悲しく思います。

イ．子どもの遊びの重要さと近隣住民の生活の間で逡巡している（7）

・あまり公園で遊ぶ子どもを見なくなってしまった気がする。自由に遊ぶ場と

いうより、周りを気にしながら遊ばなくてはいけなくなったように感じる。

・昔は放課後、近所の公園に子どもが集まって遊んでいたが、最近はあまり見ないように感じる。公園ではなく家などで遊ぶ子が増えたのは、上記のような注意書きも１つの要因のように思う。

・危険なことを適切に防ぐことは大切だが、必要以上にされていることは、本当にそれでいいのかと思うことはあります。

ウ．公園であそぶ子どもたちの姿・遊びの変化を感じている（18）

・私が子どものころは、友達と公園に集まり、鬼ごっこや中線ふみや体を使ったゲームばかりしていました。最近は、公園で子どもをあまり見ません。いたとしても、ゲーム機やカードゲームをしている姿をよく見ます。少しさみしく感じます。遊具も減った。

・公園にほとんど子どもがいないところもあったり、ゲームを持ってきてわざわざ公園に集まってゲームをしてなにも遊ばないでいる子どももよく見かけます。

・公園で遊んでいる子を見かけても、体を動かして遊んでいるというよりは、それぞれにゲーム機を持って集まって、座ってやっている場面を目にすることが多くなった様に思う。私が子どもの頃は、鬼ごっこや、じんとり等、公園内を走り回って遊んでいた。

エ．遊びを制限されている子どもへの共感（9）

・昔は空き地などあそぶところが沢山あって、子ども達が外で遊ぶことが当たり前の世の中だったが、今、公園、空き地など少なくなってきている。子どもにとっては、住みにくい環境になっていると思う。

・ボール遊びを禁止にしている公園が多くなって来ているので、以前より遊べる場所が減ってきていると思う。

・変化してきていると思います。公園の場が少なく狭く、ボールも禁止というような現状。ちょっとそれをするようならすぐに怒られてしまう。それならばもっと子どもが伸び伸びと遊べる場を作ってあげてほしい。

オ．公園の機能や遊具が変化している（49）

・最近は遊具が減ってきているような気がする。ボール使用禁止などの看板も
　あるので子どもが本当にやりたい遊びができないと思う。

・変化してきていると思う。砂場が猫のフン被害に遭う為減ってきている等、
　管理が厳しくなってきているように思う。

・ケガの危険があるため、ブランコやジャングルジムが無く、さみしい公園が
　多くなってきていると感じる。また、不審者の事件が多いため、外で遊ぶ機
　会が少なくなってきている。

カ．特に変化を感じていない（6）

キ．その他（10）

(2)「地域における遊びと子育てについての考え」

＜問いかけ＞

②「地域における子育てと遊び」に関して、日頃考えていることがありました
　ら、ご自由にお書きください。

＜回答＞153人中64人

ア．自由に遊べる場所が必要である。(12)

・子どもたちが、楽しく安全に過ごせる環境をどうすれば作れるのかを考えな
　がら生活している。

・自然が減り、木登りがあまりできないのが悲しい。子どもは常に戸外で遊ん
　でいればいいけど実際はゲームとかになっている。

イ．子育ての相談ができる場所が必要である。(6)

・親同士の交流の場も誰かが行わないと、自分ではあまり見つけられない現状
　もある。また、子育ての仕方、遊びの仕方など、自分の家の中だけではでき
　ないことが多くなってきている。

・最近、安心できる遊び場が減っている中で、園内の子育て支援（施設）は、
　大変貴重で親にとってはありがたい場になっていると思う。（特に砂場など）

・公園でも子育てサロンでも未就園児が集まって遊べる場を更に増やしたり、
　子育てに悩む母が孤立しないように、保育施設に通っている保護者が思いつ

めたりしないように、地域一丸となって（市、幼稚園、保育園、子ども園）子
育てと遊びを支援していけるように自分も含め努力すべきではないかと常に
思います。

ウ．子育てにあたって地域の果たす役割が大きい（20）

・地域の人との触れ合いが少ない。近所の人との面識がない子もいるし、子育
てが孤立している人もいる。

・昔の方が地域の結び付きが強く、地域の人達と共に子育てしているという感
覚があったのではないか。世の中の変化もあり、危険という言葉がどうして
も先に出てしまうが、もう少し地域との結びつきがあれば、遊びも発展し、
親の育児負担も多少は軽くなるのではないか？

・園周りの近所の方が温かく声をかけてくれます。散歩中虫探しをする子ども
に寄り添ってくれたり、自分の子どものころの話をしてくれたり、保育士の
仕事の大変さを感じてか、ねぎらいの言葉をかけてくださったり、とても温
かい気持ちになります。

エ．世代間交流をすすめる必要がある（10）

・地域（おじいちゃん・おばあちゃん）の方を招いて、昔の遊び（お手玉・けん玉）
など、園でなかなか体験できない遊びを教えてもらう機会があってもいいの
かなと思う。

・異年齢交流、世代間交流は子ども達にとってとても良い経験になるので、行
事やイベントにたくさん関わっていけたらと思う。

・仕事している父母は時間に追われているので、地域の人が子育てに携わるた
めには、その地域のおじいちゃんおばあちゃんが現在の子ども事情を知らな
いといけないなと思います。

オ．遊びを通して子どもは発達していくものである（3）

・戸外に出て遊んでいる子が少ないと感じています（が、自分自身もなかなか出
られずにいるので反省の日々です）。

・年齢が低い子は大人との関わりの中で遊びが広がっていくので大人との関わ
りの中で十分遊ぶと良いと思うが、少しずつ年齢が上がるにつれ、子ども同

士の関わり（遊び）の中でいろいろ学んでほしいと思う。そのためには安全
に遊びこめる所が必要だと思う。（多少大人の目がある所）

カ．子どもの遊び場としての公園の重要さ（4）

・公園に行きやすいように駐車場を完備していただきたい。幼児向けのスポー
　ツができる環境が公園にできてほしい。子どもにとって良い経験にもなるし
　親同士のコミュニケーションの場にもなると思います

・気軽に地域で遊ぶ場所が減ってきたような気がする。安全、安心（衛生面で）
　をお金を払って室内で遊ぶようになってきた。自然に触れられない環境につ
　いてどうなのかと思う。

キ．地域で子育てを見守る必要（7）

・近所の人、地域の人が見守っていけるようなあたたかい環境がれば良いなと
　思う。

・地域全体で子育てする気持ちが育つといいなと思う。

ク．その他（2）

3　小平市の保育者への調査

　2018年12月、東京都小平市内の保育園・幼稚園に勤める保育者に対して上記
の小山市の保育者とほぼ同じ内容でのアンケート調査を行った。その主要な部
分は第Ⅲ部の学会等の発表で報告されている。ここでは最後に記述式で回答を
求めたところの簡単な分類と分析を行う。分類の項目は小山市の保育者と同じ
である。

(1)「公園の制限について」

＜問いかけ＞

①最近、公園に「良い子の皆さんへ：公園ではご近所の迷惑になりますので、
　あまり大きい声で騒いだりしないようにしましょうね」などと書いてあると
　ころがあるといいます。このことについて、あなたはどうお考えになります

か。自由に記述してください。

＜回答＞124人中116人が回答

ア．子どもの立場に立って声を出して遊ぶことを擁護している（45）

・すごく子どもが生きづらい社会だなと感じます。公園は遊ぶ場所であるのに、そんな規則があるのは疑問です。

・昔は子どもたちのあそぶ声がすることが日本の文化というか風習のようなところがあったと思うので、少し寂しい気がする。遊ぶことは大人でいう仕事をすることと同じだから、伸び伸びと遊んでほしい。

・子どものあそび場所が、だんだん減っていると思います。近所の方は温かい目で子どもたちを見守ったり、いけないことをした時には注意したりと…そんな世の中が戻ってくれたらと思います。

・マナーはマナーなので必要なものかなと思う。だが、日中など明るい時は思い切り声を出したり体を動かして遊べる環境があってほしいと思う。

・子どもが公園で遊ぶ時に、声量のコントロールはできないと思います。思い切り遊ぶ時には住宅と離れた大きい公園に行きます。

イ．公園とは何かを問いかけている（19）

・子育てや保育がとてもしがたい環境だと感じる。子どもが遊ぶ空間として設けている以上、日中での音、声の漏れには許してほしい。

・公園は子どもの声が響いていい場所だと思っています。子どもが遊べる場所として近所の人も理解すべきだと思います。ただ子ども達も社会的なマナーを守る必要はあります。

・家は密集しているし、マンションでは大きな声を出すと他の住人の方から苦情が来るという話を聞くので、公園くらいは思いきり大きな声を出して遊ばせてあげたいと思います。

・公園の機能は子どもが遊べる場と大人が散歩したりくつろいだりする場の2通りあると思うが、できれば何の規則をすることなく子どもが伸び伸びと遊べる場であってほしいです。

ウ．一定のルールを守りながら声を出して遊ぶことも必要（38）

・ある程度のルールは必要だと思いますが、この内容では子どもたちの遊びを制限してしまっているように感じます。遊ぶ側もルールは必要だと思いますが、見守る側ももう少し広い気持ちがあると良いと思います。

・住宅が密集している所やマンションのそばにある公園が多いので、子どもの声がひびいてしまい、子どもの声が騒音と感じてしまう人がいるのもわかる。ただ、遊ぶための公園でもあるので、子どもが小さければ小さいほど他人の迷惑になる事まで考えて遊ぶのは難しい問題であると思います。

エ．公園の位置、周辺環境の整備が重要である（5）

・文字で記してあっても子どもには伝わりにくい種類のことかと思う。やりとりや経験の中で学ぶことではないか。それとは別で、夢中になって遊んで大きい声が出せる場所がないことも残念ではある。

オ．高齢者や病弱者への配慮は必要である（9）

・世間にはいろいろな考えの人がいて、感じ方も人それぞれ。例えば、たまたま公園の近くに音が敏感な人、病を抱えている人が住んでいることもある。これはお互い様ですし、仕方なし。

・大きい声が出てしまうのは仕方がないし、それを控えることはそれほど重要ではないのかなと思う気持ちと、近所に住んでいる方の気持ちを考えると少し気になる事も分かる。思いっきり遊ぶことはできない環境なのかなと少し残念に思う。

・遊んでいるうちにヒートアップして大きな声になってしまう子ども。気にせずに遊ばせてあげたいですが、近所には病気療養中の方や赤ちゃんのいるおうちもあるので、一定の配慮は必要だと思います。

＜問いかけ＞

②地域の公園の役割や子どもの遊び場としての機能は変化してきていると感じますか。

＜回答＞125人中116人

ア．子どもの「遊び場」としての機能の重要性を確認してほしい（21）

・公園 1 つひとつの広さが狭いと思う。しかしそんな大きな広場を確保する土地もない。本当は声の大きさなど気にしないで遊べるような場所があっても良いのではと思う。

・危ないからという理由でなくなっていく遊具は、子どもたちには大切な働きのあるものばかりで、事故が起きたからという理由だけでなくすのはおかしいと思う。またルールばかりで、自由に遊べる環境が減っている。子どもが外で遊びたいと思う意欲や興味のでるものがない。子どもの発達にあった遊具はほとんどなくなってしまっていると感じる。

・子どもの居場所としての公園であってほしいが、制約が多くなっている。自由に子どもだけで過ごせる場は、公園（屋外）→子育て支援施設（屋内）に移ってきていると感じる。

イ．子どもの遊びの重要さと近隣住民の生活の間で逡巡している（8）

・公園で遊ぶ子が本当に少なくなったし、安心して遊べる場として存在しているのかという問いがきたら"はい"とは言えない。近所の方なども"見守る"暖かさも減ってきたと思う。

・公園の役割や子どもの遊び場としての機能は変化してきていることを感じます。以前は楽しく遊べて、子どもが遊ぶ姿を見ながら、その遊びに共感してくれたり、また、子育て中の親に対しても"将来が楽しみね"というようなはげましや希望を持たせてくれる地域の方が多かったが、今は気をつかいながら遊ぶような場所が増えていると思います。

ウ．公園であそぶ子どもたちの姿・遊びの変化を感じている（15）

・子どもが少なくなってきている現状、子どもたちの声が騒音に感じる人、あるいは室内でゲームをする子など、外で遊ぶ子が少なくなった所から乳幼児が遊びにくい環境に変化してきているように感じている。

・私が小さい頃に比べたら、大きく変化していると思います。地域差もあるかも知れませんが、子どものやっていることを黙って見守ることが減ってきたような…。

・昭和に育った自分とは明らかに変化していますよね。以前は公園は子どもだ

けで友達、仲間と集う場でした。公園では公園ならではの遊びを展開してい
たように思います。今はベンチに座ってゲームをしていたり、おしゃべりす
る小学生の姿が気になります。

エ．遊びを制限されている子どもへの共感（12）

・児童館などで大人1人につき子どもは2人までなどといった決まりがあると
ころも多い。1つの怪我で大きくさわがれてしまう恐怖から制限されすぎて
いると思う。

・公園や広場でやってはいけないことや制限が増えてきたように思う。公園の
機能として年配の方向けの（遊具？）物が目立ち、使用されている方も増え
ていると思う。

オ．公園の遊具が変化している（38）

・感じる。遊具も怪我の少ないものになってきて、木や自然のもので遊ぶ機会
も減っている。

・危険という理由でほとんどの遊具が撤去され、ボール遊び等も制限され、子
どもが遊びに来ていてもゲームをしている等、昔に比べてだいぶ変化してき
ていると感じます。

・危険が多いと言って撤去されてしまう遊具があるのは残念です。子どもが楽
しく体を動かせるもの、安全に遊べる環境作りが必要だと思います。

・高齢者が多くなっているので、昔以上に公園に来てくつろいだり、ウォーキ
ングしたり過ごしたりする高齢者が増えているので、高齢者にとっても重要
な機能があると思う。

カ．特に変化を感じていない（8）

キ．その他（14）

(2)「地域における遊びと子育てについての考え」

＜問いかけ＞

②「地域における子育てと遊び」に関して、日頃考えていることがありました
ら、ご自由にお書きください。

＜回答＞125人中71人

　全員小平市内の保育者なので、本来は何か考えることはあると思うが、限ら
れた時間の中で書き切れていないことが感じられる。回答を分類して例を挙げ
てみた。

ア．自由に遊べる場所が必要である。（9）

・公園によらず、山や森、野原等の自然で遊ぶことが1番健やかに育ちそう。
　何もない所からどうやったら楽しくなるのか考えなければならない遊びを自
　分たちで作っていける。本来その能力がある。今は危険がない限り、自由に
　遊ばせ見守っている。

・他の地域に比べ、小平は自然が残っている地域だと思うので、それを維持し
　て自然の物を使って遊んだり、草や土の感触を楽しんだり、年配の方が昔遊
　びを教えてくれる場が沢山あると良いと思う。

・日頃から安心・安全に子どもが存分に遊べる場があればいいな…と考えます。
　保護者が過敏にならずにすむ社会になればいいのですが難しいですね（子ど
　も立ちが自由に遊べる場が普通にある社会）。

イ．子育ての相談ができる場所が必要である。（10）

・便利なこと、人が多いことで、子ども達の大切な環境が失われている気がし
　ます。いろいろなメディアやSNSによっても新たに親になる方たちにどう
　いう影響があるのか…。この仕事をしていなかったら、自分がおそろしい育
　児をしそうでこわいです。

・自分の子育て（乳児期）で感じたことですが、自分からいろいろな情報を地
　域センター、図書館、市役所、健康センターなどの施設に出向いて集めない
　と子どもも親も孤立してしまうなあと思いました。子育て広場や家庭支援セ
　ンター等に行くと、同世代の子ども達と交流ができて母同士も友達になり、
　情報交換をしたりということができて良かったと思っています。

・気さくに子どもに声をかけられなくなったこの時代は、大人も子どもも開か
　れた環境ではないと感じています。コミュニケーションがとれる環境を必要

としていると思います。

ウ．子育てにあたって地域の果たす役割が大きい（21）

・子育てに関してはもっと近所や近隣の家庭同士の協力、理解が高まってくるともっと育てやすくなると思う。昔はよくあったが出かける時や兄妹行事等で少しの間気兼ねなく預けられる関係性が増えてくると育てやすくなってくると感じる。

・地域で育てるという流れ、歴史はおわりになってきていると感じています。でもそういう育て方は必要だと思います。なくなってはいけないかかわりだと思います。また遊ぶ場所や環境も減り、どんどん身体を使う機会が減り、遊びのへの関心もなくなっていくと思います。今後どうしていくのかは、しっかりと考えていかなければいけないと思う。

・子育てしにくい環境にあるので、地域交流を増やしていけたらいいと思います。そこで新しい人間関係や伝統的遊びを知ることができ、いずれ社会に出て行く時の力となると考えています。交流を含めて互いに理解し合えたらよりよくなっていくのではないかなと思います。

・地域とのコミュニケーションがうまく取れてお互いに将来を担うであろう子どもたちを見守って行けるようになれたら良いことだと思います。

エ．世代間交流をすすめる必要がある（8）

・地域の高齢者と子どもを結びつけることが上記の対策につながるのではないかと思う。高齢者は昔の日本の伝承遊びを子どもに伝え、子どもはそれを学び、遊びの幅を拡げる。少子高齢化の今、こういった取り組みが必要なのではないだろうか。

・人との関わりが少なくなっているので、様々な人々が集うコミュニティが増えるとよいなあと思う。お年寄りにも、子どもにも、若い世代にも、みんなが一緒に楽しめるサークル、教室、部屋、空間が増えてほしいです。

オ．遊びを通して子どもは発達していくものである（3）

・周りには早期教育やしつけにうるさい親ばかり…（当園ではなく）。裸足で遊ぶだけでも「え？」と驚かれてしまう。遊びの理解って本当にないんだなぁ

と実感する。

カ．子どもの遊び場としての公園の重要さ（9）

・子どもが安全に遊べる場として公園は多くの人が利用すると、子どもを見守る目があり良いと思います。利用することで問題点や危険も発見でき管理しやすいと思う。地域の方と関わる場としても保育園でぜひ利用したい。

・公園などに子どもの姿があまり見られなくなってきていると思います。そのため、子ども同士の関わりも少なくなってきているのでは…それには地域で子ども同士が関わり、遊べるように工夫、考えなくてはいけなくなってきているかなと思います。

キ．地域で子育てを見守る必要（6）

・"危険だから"など前提のもと、大人が先回りしてお膳立てをしていることが多いと感じる。地域と子との関係が希薄になっていると思う。

・地域で子ども達を見守る姿勢はとても大切だと思う。危なければ注意する、面白ければ見守る、互いに感じあって生活することを大切にしたいと思っている。社会で育ち合う、地域で育ち合うことが重要。もっと思いっきりあそべる環境をつくってあげたい。

ク．その他（5）

4　小平市の保護者への調査

　2018年12月、東京都小平市内の保育園・幼稚園の年少から年長の子どもの保護者に対して上記の小平市の保育者とほぼ同じ内容でのアンケート調査を行った。その主要な部分は第Ⅲ部の学会等の発表で報告されている。ここでは最後に記述式で回答を求めたところの簡単な分類と分析を行った。分類の項目は小山市及び小平市の保育者とほぼ同じである。

(1)「公園の制限について」

＜問いかけ＞

①最近、公園に「良い子の皆さんへ：公園ではご近所の迷惑になりますので、あまり大きい声で騒いだりしないようにしましょうね」などと書いてあるところがあるといいます。このことについて、あなたはどうお考えになりますか。自由に記述してください」

＜回答＞173人中167人が回答

ア．子どもを育てている立場からの思い（71）

・大きい声をおもいっきり公園で出せないのなら、どこで出せばよいのだろうかと思う。きゅうくつに感じる。ただし、早朝や夜は迷惑だと思う。

・良い子の皆さんは大きい声で騒いだりしない。良い子は大声で走ってかけ回ってはいけないのでしょうか？体を動かせる公園で静かに遊ばせる方が難しいと思います。なんのための公園なのか？疑問しか浮かびません。

・子どもは大きな声を出す生きもの。外で大きな声を出せないのなら、どこで出すんでしょうか？"元気に遊んでいい場所""静かにしなければならない場所"子どもは経験を通して学びます。公園は騒いでもいい場所のはず。子どもの権利として守っていきたい。

・小さな子どもの声が迷惑となってしまう社会が悲しいです。子どもの育ちを見守ってくれる環境は、もうあたりまえではないのでしょうか？

・公園以外どこで声を出せばいいのかな？と思います。大きい声を出さず騒がず公園で遊ぶ方法を逆に教えてほしい。

・公園で楽しく遊んでいれば、自然と声も大きくなるだろうし、仕方ない事なので、「迷惑になる」と書かれるのは、親としては困る。元気に何も気にせず、おもいきり遊んでほしい。

・私自身、思いっきり遊んで育てていただいたので、公園でさわげないとなると、どこで思いきり声を出したり、遊んだりするのかと思います。子どもを育てていくことが未来を作ることだと思うので、大人が遊びの大切さを知って見守っていかねばと思います。フィンランドの遊びを大切にする教育を学んでいかないとと思います。

イ．公園とは何かを問いかけている（24）

・たしかに、周りに迷惑がかかっていることもあるかもしれない。けれど、公園なのに好きに遊ばせてあげられないのはかわいそう。じゃあどこに行けばいいの？と苦情を言う人に聞きたい。

・公園は子どもにとって、身体を思いっきり動かせる場なので、少しぐらいの大声は良いのではと思う。耳につくようなキィーキィー声などでない限りは大目に見ても良いのではないかなと思う。

・電車、公道、スーパーマーケット等では、他人の迷惑にならない様に、と口をすっぱくして言いきかせているので、公園くらいは自由にさせてあげたい。勿論、近所への配慮は一定必要だと思うが、あらかじめ子どもに制限をかけることはあまり好ましくない様に思う。

ウ．一定のルールを守りながら声を出して遊ぶことも必要（28）

・公園くらい自由に遊ばせてあげたいと思う一方で、やはりマナーは必要だと思うので、仕方ないのではないかと思う。

・子どもの声などを騒音だと思ってしまったり、具合が悪く家にいたりする人もいて、不快に思う方もいるので、仕方ないのかなとも思いますが、公園では思いっきり遊ばせたいなとも思います。

・元気に遊ぶ声とうるさくするのでは、意味が違う気がします。迷惑にならないよう、一緒にいる大人が気を付けるべきだと思います。

・夢中になってしまえば、大声が出てしまうことはあるけれど、地域との共生も大切なので、しかたがないと思います。

エ．公園の位置、周辺環境の整備が重要である（6）

・公園の位置（住宅の中にある小さな公園ならしかたない）（広い公園ならなぜ？と感じるし、行政側が近隣からの苦情対策を優先させ、子どもの権利を守ろうとしていないと感じる）ただ隣接している住宅の方などの気持ちも考えはする。

・違和感を感じます。良い子のみなさんへという良い子は誰の目線の"よい子"なのか。子どもが活動しても良い時間帯であればおもいきりあそべる環境を提供すべきと思う。

・子どもが悪い、近所の方が悪いという問題ではなく、地域の関係性がうすい

のかなと思います。

オ．高齢者や病弱者への配慮は必要である（9）

・本来なら自由に遊べる場であるはずの公園が、住環境により、そうせざるを得ないことは仕方ないと思う反面、とてもさみしくも感じています。公園は“遊びの場”“子どもの声もしょうがない”と思って、見守って下されば問題ないのでしょうが、病気で寝ている方や受験勉強中の方などが隣接していれば“迷惑だな”と思うこともあって当然とも思います。

・子どもが苦手な方や、生活が逆転している方もいるので、ある程度は仕方ないと思います。

・変な世の中だと思う。核家族が多く小児の声をうるさいと認識する高齢者、若者が増えてしまったことが残念。

カ．日頃の子育てにおける周囲への思い（27）

・家のすぐ近くの公園では、数年前から「ボール遊び禁止」の看板が立てられました。道路沿いの公園なので、危ないというのもあったと思いますが、公園のすぐ裏に新しく家が何件か建ったことへの配慮かなと思いました。そういうこともあり、子どもが2歳頃からは遠くても大きな公園へ遊びに行くようになりました。

・夜間就労、介護、疾病、独居等…大人の世界に閉塞感をかかえる問題が山積している状況が伺え、子どもの騒がしい音を許容する余裕がなくなっている様な（他者）気持ちになります。都市部の過密住宅街の公園では、時間等を配慮し、子どもに様々な立場の人が暮らしている事を話した公園もありました。

・公園は遊ぶところだが、そこに住まれている人には四六時中騒がれたら嫌だろうからしかたないと思う。騒がれたことがあり、迷惑と苦情があったのかなと思う。でも、遊べるところは公園なので、普通の遊びをしていて、盛り上がる声はいいと思う。

・自分が子育て真っ最中だからかもしれませんが、子どもはうるさいものだと思うので、ちょっと悲しい気持ちになります。騒音を理由に、保育園や公園

の新設に反対！！というようなニュースを耳にすると、寂しい世の中だなぁ
と思います。

キ．その他（5）

＜問いかけ＞

②地域の公園の役割や子どもの遊び場としての機能は変化してきていると感じ
ますか。

＜回答＞173人中166人

ア．子どもの「遊び場」としての機能の重要性を確認してほしい（19）

・子どもが少ない。将来の社会保障の担い手がうすいなどとさわぐのに、子育
てがおわった家庭や子どもがいない家・世代は子どもを育てる環境づくりに
あまり感心がないように日々感じる。子ども達が幸せに育ってこそ、社会が
より安定すると思うのに。

・ボール遊びダメ、静かに遊べなんて公園じゃないと思います。それを迷惑と
思うなら公園の近くに住まなければいいと思います。

・子どもたちが遊べる、つながる場所としては変わらないと思うが、のびのび
遊べるところは子どもが大きくなるにつれ少ないと感じる（小学中学年以上
だと近所の公園だとものたらないのかなと思ってしまった）。

イ．子どもの遊びの重要さと近隣住民の生活の間で逡巡している（5）

・子どもだけでなく、地域のお年寄りたちが体操に来たりしていることもある
ので、子どもだけでなく、いろいろな年代の人がゆずり合って使う場に変化
していると感じます。

ウ．公園であそぶ子どもたちの姿・遊びの変化を感じている（32）

・小学生が公園で遊んでいる姿をあまり見かけず、毎日公園にいた自分の子ど
も時代を思い返して、子どもたちはどこにいるのか。

・大きな広場が目の前にあるマンションに住んでいますが、ボール遊びの規制
や反響音に気をつけろ等、注意事項が多く他の大人の目が気になってしまっ
て、自由に子ども達を遊ばせられません。ベンチでピコピコゲームをやって

いる子ども達を見ると、それは他人に迷惑をかける行為ではないけれど、何だか悲しくなります。

・公園でゲームをして遊んでいる小学生をよく見かけます。外なら、体をうごかしてあそんでほしいなと思います。きっと家庭の事情も今と昔、変化していて、他の子の家で遊ぶというのがむずかしくなってきているのかもしれません。

・昔は公園に行くと子どもの姿が多く見られましたが、あまり見なくなりました。外よりも家で遊んでいる子の方が多く感じます。

エ．遊びを制限されている子どもへの共感（23）

・公園そのものが変化してきているのではなく、生活や住環境が変化しているのだと感じています。子どもが遊んでいる時間に働いており、遊びの場をみられない親の方もおるでしょう。子どもを通して地域とかかわりがなければどんな子どもがいて、どこの家の子なのか分からないという方もあるかと思います。特に、そういった住宅地の中にある公園はむずかしいところだと感じています。

・自分が子どもの頃と比べると、禁止されている事が多い気がする事と、良い子、おぎょうぎよく遊ぶ事を要求されている場な気がする。

・昔は地域住民のものであり、独自のルールがあったように思うが、今はトラブルがおこらないように公の画一的なルールがたくさんの公園に適用されていて、少しかたくるしくなっている気がします。

・小平は公園がたくさんありますが、5〜6歳になった頃からボール使うあそびをしたがることが多くなりあまり行かなくなりました。乳幼児とお母さんの「近くの居場所」という感じです。

オ．公園の遊具が変化している（24）

・自分の子ども時代とは、大幅に変化しているように思います。ボールを蹴ったり、野球をやったりできる公園が限られていて、そういったものをやるなら習い事に入れるしかないのかなとも思ってきました。昼間、小さめの公園は人がいなく、みんなどこで遊んでいるのだろうと思う時もあります。

・公園の遊具が安全に配慮しすぎるものになってきた。また健康器具の役割り
　をするものが増えた。
　まず子どもの遊び方がかわってきているので、すわりこんでみんなでゲーム
　といった遊び方はわが子にはしてほしくないと思います。
・子どもの遊び場というよりは、お年寄りも増えているので、変化しているの
　ではないかと感じている。公園に遊具も少ない。

カ．特に変化を感じていない（49）

・ボール使用禁止など昔よりは不自由さを感じるものの、夕方などに小学生が
　公園でたくさん遊んでいる様子が見られるので、遊び場、子ども同士のコミュ
　ニケーションの場としては、変わりないように思う。変わったのは、まわり
　の大人、とりまく環境のように思う。
・今も昔も公園は老若男女皆のものでは。利用時により制限がつくようになっ
　たのは、対子どものみならず、対大人も同様ではないかと思う。ただし、そ
　の制限による影響が大きいのはやはり対子どもかもしれない。大人は他に行
　く場所があっても、子どもにはないという点において。

キ．その他（14）

(2)「地域における子育てと遊びについての考え」

＜問いかけ＞

②「地域における子育てと遊び」に関して、日頃考えていることがありました
　ら、ご自由にお書きください。

＜回答＞173人中121人

　小平市内の保育園と幼稚園に子どもを預けている保護者への問いかけであり、
園を通じての依頼だったので、考えのある保護者は回答したと思われる。回答
率がおよそ7割である。

ア．自由に遊べる場所が必要である。（24）
・子どもを安全に遊ばせる所が本当に少ない。安全に遊ばせたいと有料の施設

になってしまうのが残念。老人の声が多数になっていて、先行きが暗い気分
になる。

・見守って頂ける方もたくさんいらっしゃいますが、迷惑そうにする方もいて、
その少数の意見で遊びが不自由になっている。ボール遊びもできる公園を町
内に何か所か決めて頂けないでしょうか。どこかでやらないと、すごく大き
な公園に行かないとボール遊びができなくなってしまいます。

・縁の下とか、土塀、空地（草ぼうぼう）、空家とか水たまり、大人にとって汚
くて入りたくないところが減ってしまい、子どもが入りこめるところが少な
くなってきたので、土を掘れるところが（砂場ではなくて）せめて残ると良
いなと思います。

・いろいろな子と知り合える場でもある公園や、子ども広場、子どもたちと親
が安心して使用できる場であってほしい。

イ．子育ての相談ができる場所が必要である。(12)

・わが家は１人っ子なので、幼稚園に入るまで基本的に母親と２人で過ごすこ
とが多かったので、地域センターや児童館などで、同年代の子と関わること
やお母さん同士で話す機会があって、すごく助けられました。子どもたちに
とってもそうですが、母親にとって大切な場になっていると感じています。

・子どもに対する遊びの充実はもちろんだけど、子どもと大人（親子）のコミュ
ニケーションができる遊びや大人同士（ママ同士）が交流し楽しめるような
場（遊び）がもっとあるといいなと思う。孤独な母親が、初めて親となって
社会に出ていくのは、すべて０からのスタートのようなところがあるので、
親がゆとりを持って子どもに接することができるようにすることを応援する
ところから、子どもの遊びにつながっていくと思う。

・子育て支援センターや保育園、地域センターなど気軽に遊びに行けるところ
が近所にあることが絶対に必要です！　これがなかったら、子育てがつら
かったと思う。

ウ．子育てにあたって地域の果たす役割が大きい (32)

・公園が充実していれば、子どもの遊び場が確保されていると思うのは大間違

い！地域の人々の意識の問題だと思います。自分の家の庭に見知らぬ子が入
りこんでもいいではありませんか？そんなおおらかな社会が子どもを豊かに
育てると思います。

・地域の中で多様な立場の人と交流する機会があり、双方の関係が近づくだけ
　で、子育てを家庭内だけでなく、地域社会で共有できると思います。地域の
　方々の持っている遊びを今の子育て世代にぜひ伝承して頂きたいと考えてい
　ます。現役労働者世代ももう少し経済的、時間的、精神的なゆとりができる
　環境になれば…遊び心ももっと豊かになるのに…

・地域における子育てとしては大人が子どもに対してもっと寛容でそして広い
　視野を持つべきだと感じますが、自分も含め難しくも感じます。

・地域センター、児童館等で遊び場を提供してくれるのは、とてもありがたい。
　母達、子ども達の交流の場にもなるし、清潔感のある場は、安心して遊びが
　できる。

・昼間、仕事をしていてあまり近所の人と交流がないですが、自分自身が子ど
　ものころは、近所の大人ともよくあいさつをしたり、見守ってもらったりし
　ていたと思います。地域の人との交流があまりできていないと感じます。

エ．世代間交流をすすめる必要がある（5）

・幼稚園や保育園で「園庭開放」やふれあい広場など未就園児を連れて遊びに
　行くのにとても助かります。子ども 2 人連れて出かけていると、小平市はよ
　くおばあちゃんが子どもに手を振ってくれたり話しかけてくれます。時々お
　じいちゃん（男の人）から心ない言葉をかけられることも行動をされること
　もあります。おじいちゃん、おばあちゃん世代が遊んでいたコマやろう石、
　おはじきなど昔の遊びをもっと今の子にやらせたい、教えてほしいと思いま
　した。

・高齢者とのふれあいが増えるとお互いに良いので、そのような環境が気軽に
　体験できると良いと思います。

オ．遊びを通して子どもは発達していくものである（10）

・習い事や遊び場に子どもを預ける親が増えていると思います。子どもは親が

167

いる所、または親と一緒に遊べることが一番楽しい（幼稚園位までは）のではないかと思います。

・子どもたちが遊ぶことを迷惑だと思わない世の中になったらいいと思います。

・子どもは外で元気に遊ぶのが一番！　それを周りの大人が押しつぶさないでほしいです。自分だって子どもだった時代があったんだから、それをよーく思い出してほしいです。

・子どもが気軽にいつでもだれでも集まれる空間は、どのような形態が良いのか…と自問しています。現在のところ、児童館が一番理想的だと感じますが地域差があり、新しく施設の充実した所でない限りは、子どもは利用しません。

カ．子どもの遊び場としての公園の重要さ（11）

・自身の幼少期は学校終了後も外で遊ぶのが普通で、思い出に残る遊び場所がたくさんありました。大人に怒られたような嫌な記憶も特にありません。現在は家々が建ち並んでいても静けさに時々寂しさのような気がする。関わりが増えるような魅力的な場所は必要だと思う。

・公園で遊んでいて怒られたりなどはないですが、泣いたり、大声出すとひやっとする時があります。私が小さい時は公園でなくても、道や空き地やちょっとした空間が遊び場でいろいろなおじさんおばさんに声かけながら遊んでいました。時代と言えば、そうなのかもしれませんが、親がつれていく、親が与える遊び場しかないのは悲しいなと思います。

・小さい子がいてもおかまいなしにボールをけってサッカーしたり、おもちゃのピストルのようなものを平気で使う小学生・中学生がいるので、大人の私がそこにいるだけでもこわいと思うことが多いです。どうしたら改善されるのか、昔から公園というのはそういうものなのか、自分の子もそうなってしまうのか、不安を感じながら公園に連れて行っています。

キ．地域で子育てを見守る必要（12）

・地域とのかかわり合いがもっとあれば、皆で子どもを見守る。子どもだけでなく、高齢の方などに対しても安心、安全の目がたくさんいきわたるのでは

ないかと思います。社会とはいろいろな人が暮らし、自分もまた何十年と生活する場ですので、生きやすい環境作りをしていけたらと考えます。そういった事が地域で取り組めたらいいですよね。息子達の声から：サッカーが自由にできる公園がほしい！！と熱望しています。

・子どもが伸び伸び遊べ、親は安心して遊びに行かせる様な場所や地域の見守りなどあるといいです（あるのかもしれませんが…）お知らせしてほしいです（市報等でも）。

・道路（私道）、家の前で遊んでいたら、「そこは道路なんだから遊ぶ所じゃないでしょ！」と怒られた。子どもがいるというだけで、世間様に迷惑なのでしょうか？うるさいので、子どもなんて産まない方がいいんでしょうか？「産んだ責任」があるので、静かにさせなければいけないのでしょうか？

ク．その他（10）

・生活は便利になったが、子どもの遊び場には不便になった気がする。子ども同士の関わりより、その子の親との関わりのほうが難しい（初めてあう親）。子育ての基準が違うと注意？のタイミングもわからないので遊びに行っても気を張って疲れてしまう。

・大人の見守る姿勢が大切なのかなと思います。注意する・抗議するではなく優しい目で、自分たちの子どもの頃を思い出しながら…

・市のイベントなどキャッチする能力が弱いので、うまく情報収集をしなければいけないなぁと思う。そのようなポータルサイト、アプリ、メルマガがあればとも思います。

5．考察

これまでの分類をたてに並べて、地域の違い、立場の違いについて数字で比較してみた。もちろん記述式なのではっきりとその分類に収まらないものはあるが、一部でも重なりがあるものは同じ分類にいれ、重ならないものは「その他」ということで処理した。数字はすべて％表示である。

1.「公園の制限について」

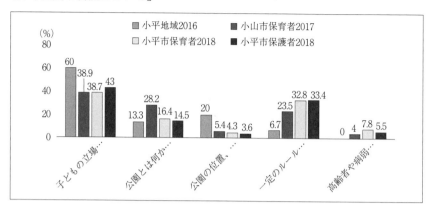

【コメント】

　地域の世話人、保育者、保護者ともに「子どもが声を出す」ことについて擁護の立場を取っている。特に地域で活動している人々は強い。「公園とは何か」の保育者の回答の差は小山市と小平市の自然環境の違いがあると思われる。

2．地域の公園の役割や子どもの遊び場としての機能の変化について

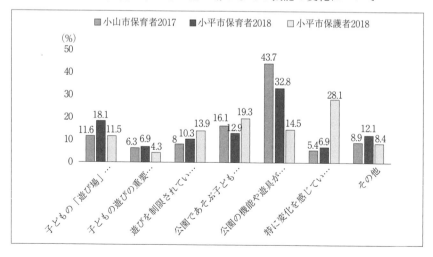

【コメント】

　公園の遊具の変化については保護者よりも保育者の方が敏感に感じている。保護者は自分の子どもが対象となるので変化に気がつかないのかも知れない。その他については保育者も保護者も大きく変っていない。言い換えれば保育者が保護者目線に立っているとも言える。

3.「地域における子育てと遊びについての考え」

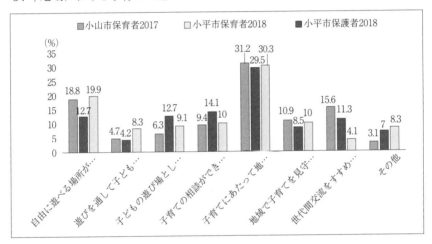

【コメント】

　保護者については保育園または幼稚園に子どもを預けている保護者が対象なので、子育て相談ができる場所への要望がそれほど多くない。子どもが通っている園で相談できている裏返しでもある。世代間交流については保育者の要求が高い。保育者は世代間交流の必要性を感じてはいるが、保護者としてはあまりそのような発想にはなっていないということが読み取れる。

6　まとめとして

　地域の世話人、保育者、保護者ともに子どものために何ができるのか模索を

しながら、その思いを書き込んでくれている。本来ならばすべて取り上げてその思いを伝えたいところである。地域の世話人、保育者、保護者ともに子どもに積極的に関わっている人々である。多少の違いはあっても子どもの成長や発達を温かく見守るという姿勢があり、そういう意味では遊びや遊び心に対して前向きな評価ができている。この力を世代間交流を含めて、どのように市民全体のものにしていくのかが問われている。

遊び・遊び心研究に関する書籍等一覧

1．原理的・哲学的な立場からの遊び研究　＊豊田和子氏選

	書名	著者（翻訳者）	発刊年	出版社	
1	思考と言語（上・下）	ヴィゴツキー（柴田義松訳）	1962	明治図書	
	新訳版　思考と言語	ヴィゴツキー（柴田義松訳）	2001	新読書社	
2	遊びの教育的役割	柴谷久雄編著	1972	黎明書房	＊
3	遊びと人間	カイヨワ（多田道太郎・塚崎幹生）	1973	講談社	＊
4	遊びによる人間形成	柴谷久雄	1973	黎明書房	＊
5	ホモ・ルーデンス	ホイジンガ（里見元一郎）	1971	河出書房	＊
6	遊びと幼児教育	西頭三雄児	1974	福村出版	＊
7	遊びによる保育	山田敏編著	1979	明治図書	＊
8	遊びと労働の教育	須藤敏昭	1978	青木書店	
9	児童教育論	クルプスカヤ（榊利夫）	1978	青木書店	
10	子どもの誕生	アリエス（杉山光信・恵美子）	1980	みすず書房	
11	子どものあそびと発達	河崎道夫	1983	ひとなる書房	
12	乳幼児の遊びーその発達プロセス	高橋たまき	1984	新曜社	
13	遊びの思想	下山田裕彦・結城敏也編著	1991	川島書店	
14	遊ぶヴィゴツキー	ロイス・ホルツマン（茂呂雄二）	2014	新曜社	
15	アニマシオンと日本の子育て・教育・文化	増山均	2018	本の泉社	

2．心理的な発達と遊び研究

	書名	著者（翻訳者）	発刊年	出版社	
1	ピアジェ幼児心理学	ピアジェ（大伴茂）	1970	同文書院	＊
2	ソビエト・児童心理学	デ・ベ・エリコニン（駒林邦男）	1964	明治図書	＊
3	幼児の発達と教育	リュプリンスカヤ（藤井敏彦）	1965	明治図書	＊
4	幼児の精神発達	カール・ビューラー（原田茂）	1966	協同出版社	＊
5	子どもの精神発達	レオンチェフ（松野豊・西牟田久雄）	1967	明治図書	＊
6	遊びの心理学	ピアジェ（大伴茂）	1967	黎明書房	＊

7	遊びと発達の心理学	ピアジェ他（森楙・赤塚徳郎監訳）	1978	黎明書房	＊
8	続・乳幼児の発達と教育	青木民雄・勝尾金弥	1979	三和書房	
9	玩具と理性	E. H.エリクソン（近藤邦夫）	1981	みすず書房	
10	子どものあそびと発達	河崎道夫	1983	ひとなる書房	
11	子ども心と秋の空	加用文男	1990	ひとなる書房	
12	「エミール」と現代の子ども	田中未来	1990	誠文堂新光社	
13	遊びの発達心理学	山崎愛世・心理科学研究会	1991	萌文社	
14	あそびのひみつ	河崎道夫	1994	ひとなる書房	
15	障害児と健常児における遊びとコミュニケーションの発達	伊藤良子	1998	風間書房	
16	遊びという謎	麻生武・綿巻徹	1998	ミネルヴァ書房	
17	遊び―遊ぶ主体の現象学へ	ジャック・アンリオ（佐藤信夫）	2000	白水社	
18	「発達の最近接領域」の理論	ヴィゴツキー（土井捷三・神谷栄司）	2003	三学出版	
19	病気になってもいっぱい遊びたい	坂上和子	2008	あけび書房	
20	遊び保育論	小川博久	2010	萌文書林	
21	子どもは遊べなくなったのか	神谷栄司	2011	三学出版	

３．遊びの指導に関する研究

1	遊びによる幼児教育	ジュコーフスカヤ（坂本市郎）	1965	新読書社	＊
2	集団のなかの子ども	名古屋保育問題研究会	1968	風媒社	＊
3	幼児教育と集団主義	クループスカヤ（五十嵐顕・直井久子・小川富士枝）	1969	明治図書	＊
4	幼児教育について	クループスカヤ（園部四郎）	1969	新読書社	＊
5	集団保育　その実践と課題	宍戸健夫	1970	風媒社	＊
6	新版　就学前教育	ザルーシスカヤ（坂本市郎）	1973	新読書社	＊
7	あそびの誕生	久保田浩	1973	誠文堂新光社	＊

8	保育カリキュラム資料＜遊び＞	フレーベル館編	1973	フレーベル館	＊
9	ハンガリー保育園の教育プログラム	バコニ・サバティ共著（コダーイ芸術教育研究所）	1974	明治図書	＊
10	おにごっこ	角田厳	1974	さ・さ・ら書房	＊
11	集団あそび	角田厳	1974	さ・さ・ら書房	＊
12	遊びの保育	守屋光雄	1974	新読書社	＊
13	幼児の集団と教育	宍戸健夫	1975	さ・さ・ら書房	＊
14	講座日本の教育11「幼児教育」	矢川徳光・城丸章夫編	1976	新日本出版社	＊
15	幼児の遊びと集団づくり	宍戸健夫・田代高英編	1977	明治図書	＊
16	乳幼児教育プログラム	ロシア共和国教育省教育就学前教育局編（芸術教育研究所）	1977	黎明書房	＊
17	遊びと労働の保育	ドイツ民主共和国教育省、教育科学アカデミー編著（豊田久亀・和子）	1977	黎明書房	＊
18	幼年期の集団づくり―理論と実践	全国幼年教育研究協議会	1978	さ・さ・ら書房	＊
19	子どもはもっと遊びたい	豊田君夫	1978	黎明書房	＊
20	保育入門	宍戸健夫・田代高英編	1979	有斐閣	＊
21	増補版　乳幼児の世界	勅使千鶴編著	1979	鳩の森書房	＊
22	遊びの回路と保育	野村芳兵衛	1979	黎明書房	＊
23	子どもとあそび	仙田満	1992	岩波書店	
24	幼児のあそび百科	秋葉英則・神田英雄・才賀敬・勅使千鶴	1994	労働旬報社	
25	わんぱくたちの独立宣言	早川たかし	1994	国土社	
26	叢書日本の児童遊戯　別巻	上笙一郎	2005	クレス出版	
27	子ども力×母親力	早川たかし・明橋上二	2007	飛鳥新書	
28	遊び保育の実践	中山昌樹・小川博久	2011	ななみ書房	

4．今の子どもの遊びや遊び場の問題に関するもの

1	玩具叢書　玩具教育篇	倉橋惣三	1935	雄山閣	
2	子どもと遊び	門脇厚司	1969	余暇開発センター	
3	子どもの集団・遊び・音楽	コダーイ芸術教育研究所編	1969	明治図書	
4	あそびの誕生	久保田浩	1973	誠文堂新光社	

5	子どもの遊びと手の労働	子どもの遊びと手の労働研究会	1974	あすなろ書房	＊
6	子どもの遊び空間	藤本浩之輔	1974	日本放送協会	＊
7	文化・あそび・発達	木下龍太郎	1974	国土社	
8	子どもの場所	草森紳一	1975	晶文社	＊
9	"遊び"場問題の今日と明日	一番ヶ瀬康子・西元昭夫編	1975	ドメス出版	
10	子どもと遊び	加古里子編	1975	大月書店	
11	幼児の遊びと集団づくり	宍戸健夫・田代高英編	1977	明治図書	
12	子どもに遊びと手の労働のすばらしさを	子どもの遊びと手の労働研究会	1979	あすなろ書房	
13	子どもの遊びを見直そう	藤本浩之輔	1979	第三文明社	＊
14	子どもがよろこぶ遊びのいろいろ	かこさとし	1979	あすなろ書房	
15	幼児の遊びと仕事	城丸章夫	1981	草土文化	
16	遊びの中にある大切なこと	北欧プレイミーティング	1992	PlayRights	
17	ごっこ遊び・劇遊び・子どもの創造	神谷栄司	1993	法政出版	
18	遊び研究文献目録	山田敏編著	1996	風間書房	
19	こんな公園がほしい	小野佐和子	1997	築地書店	
20	遊びという謎	麻生武・綿巻徹	1998	ミネルヴァ書房	
21	加古里子絵本への道	加古里子	1999	福音館書店	
22	これがボクらの新・子どもの遊び論だ	汐見稔幸・加用文男・加藤繁美編著	2001	童心社	
23	遊びが育てる世代間交流	多田千尋	2002	黎明書房	
24	遊びを中心とした保育	河邉貴子	2005	萌文書林	
25	子どもイタズラ村づくり改訂版	早川たかし	2007	教育史料出版会	
26	子供讃歌	倉橋惣三	2008	フレーベル館	
27	子どもの遊び黄金時代	初見健一	2013	光文社	
28	遊びの保育発達学	小山高正・田中みどり・福田きよみ編著	2014	川島書店	
29	子どもの「お馬鹿行動」研究序説	加用文男	2016	かもがわ出版	
30	日本伝承遊び事典	東京おもちゃ美術館編	2018	黎明書房	
31	こどもを育む環境　蝕む環境	仙田満	2018	朝日新聞出版	

| 32 | 遊び・育ち・経験―子ども の世界を守る | 小西祐馬・川田学編著・松本伊智朗編集代表 | 2019 | 明石書店 | |
| 33 | 遊びが育つ保育―ごっこ遊びを通して考える | 河辺貴子・田代幸代編著 | 2020 | フレーベル館 | |

５．遊び心に関するもの

1	日本人の遊びごころ	守屋毅	1984	PHP 研究所	
2	遊び心	大前研一	1991	新潮社	
3	まちを遊ぶ	遊び・劇・表現活動研究所	1993	晩成書房	
4	子どもとつくる遊び場とまち―遊び心がキーワード	加賀谷真由美	2001	萌文社	
5	遊び心の心理学的意義	野口節子	2003	医学出版社	
6	楽しんで生きる老い―いくつになっても遊びごころ・学びごころ	佐橋慶女	2011	海竜社	

＊豊田和子「あそび研究に関する文献解題」現代と保育5（さ・さ・ら書房）1979を基本に

おわりに

1. 本書への歩み

　顧みるにこの研究の構想を練り始めたのは2008年の暮れ当たりからであった。専門的先端研究で施設面の助成も含まれているものがこの募集企画のみであった。そして当時附属幼稚園を基に遊びの広場を実践してはじめていたが、そこの園長をしていた私は、附属幼稚園を拠点として応募してはという企画室の要請にこたえて、大学の同僚とともに取り組むことになった。白梅学園大学・短期大学がこれまで重ねてきた地域とかかわって子どもと遊ぶ広場などを進めてきている実践的研究の土台の上に、大人・地域の遊び心を豊かにしそれによって、子育ち、子育てのしやすい街づくりに向かうという大きな構想を立てた。

　実際、舞台を小さな劇場の台の上ではなく学園全体を、そして小平市自体を、特にグリーンロードをも含めて、舞台にしていく障害児の芸術活動を展開していこうというプロジェクト等、「はじめに」で述べた5件のプロジェクトが構成され、私たちは、まさに『世代を超えた遊び心でコミュニティーの再生を』めざす研究プロジェクトで研究を開始した。

　取り組みのはじめは、子育てに関わる大人と子どもが同時に遊ぶ企画を数回立ち上げてきた。遊びとは、遊び心とはという学びも並行的に進めてきた（第Ⅲ部参照）。幼児期の遊びの成果の検証として遊びを中心にしてきた幼稚園の卒後検証、特に親子2世代がその園を選んでその園の保育園児であった親へのインタビューを行ったり、毎年行なわれる園児の同窓会などでは子どもへのアンケートをお願いしたりもしてきた。その年々に日本保育学会中心に報告もしてきた。5年間は研究費がついてきており、それらをまとめているのが第Ⅲ部である。

178

　ここでは、地域を遊び心で満たしていこうという時、子どもというよりは子どもとかかわる大人の遊び心が課題となる。そして中間まとめなどをする中で「遊び」の研究とそれに基づく文献は、きわめて多く出されているが「遊び心」についてはかなり少ないことに気付かされた。

　そこで本書では、遊び心、特に世代を超えて大人の遊び心で地域コミュニティーの再生を目指す方向での研究的な取り組みを基に提言をしていこうということになった。

２．論点─第Ⅱ部　コメンテーターの問題提起から

　そこで私どものプロジェクトの小論を見ていただき、遊び心について造詣が深いと思われる方々の中からお２人の方（麻生武氏と富田昌平氏）にコメントをいただいた。

　私どもは、2020年の日本保育学会で、「遊びと遊び心の違いと関連」に関する自主シンポジウムを立ち上げ、上記のお２人をコメンテーターにお願いしていた。シンポジウムでの誌上（CD）に報告要旨は出してあるが、コロナ禍のために実際の会が開かれていないこともあり、この場を借りてその際の内容も兼ねてコメントをお願いした。

１）「大人の遊び心」の活性化を基にした地域づくりに関する三者の一致点

　３者とは、私どものプロジェクトと、富田氏と麻生氏（問題提起順）である。この３者は、共に、子育ち・子育てのしやすいように地域コミュニティーを再生していくには、大人の遊び心を活性化させていくことが重要であるという点では一致している。そのためには、そのような事が可能になる環境が大切であるという事においても一致している。

　しかし、大人の遊び心を巡ってはそれぞれ、一致しているところと異なるところがある。その違いが、遊び心の理論上の討論を進める上の課題として位置づく。かつ、その違いが、地域づくりの方法の上にどのような特徴として現れるのかが今後の課題となる。

2）「遊び心」の発生的根源と「子ども心」との関係、その相違点を巡って

　これは本書作成のプロジェクトの考え方として「子ども心＝遊び心」と一応規定して取り組んでいることへの見解である。後に述べるように麻生はそれには真っ向から反対の見解を示している。富田は、人間の生涯発達における自然な姿として「子ども心＝遊び心」に一定の肯定見解を示しつつ、問題なのは、「現代の日本社会においてはほんのちょっとの遊び心さえも認めないような『不寛容さ』が徐々に社会全体を蝕み、蔓延しつつあるかのように見える点である」と述べている。その点において本プロジェクトの視点には「激しく同意」をされている。富田氏のコメントへの応答から始める。

（1）富田氏のコメントへ

　そして遊び心として、その発生源であるとか、子どもと大人の関係などについては述べずに遊び心の本質として、赤木（2019）・川田（2019）＊の考え方を紹介し、「いずれも『遊び心』の核心として、「逸脱を楽しむこと、楽しもうとすること」を挙げていることを取り上げている。（＊5章参照）

　さらに、私どもの取り組みに対するコメントとして、遊び心の発生と発展においては大人と子どもの相互作用が必要ではないか、私どもの研究にはどちらかというと子育てに当たる大人の遊び心の回復に視点が行っているが、相互作用の展開をもう少し意識的に位置づけることが目的に添うのではないかというご指摘である。私どものこの本の「目的が現代社会における遊び心の回復が目的であるとすればさらに2つの目的にわけられよう」とし、1つは「子どもと遊ぶ大人の遊び心を活性化させ、回復させること」、もう1つは「遊び心を持った大人とともに遊ぶことで、子ども自身が遊び心をさらに引き上げることである」と述べ、この2つの相互作用の「誘われ－誘う」関係の意識的な検討の必要性が示唆された。

（2）麻生氏のコメントへ

　麻生は、「子ども心＝遊び心」か？と疑問を投げかけている。

　子どもは自然に遊ぶのではなく、親や大人が幼い子どもを可愛いと思い慈しみを持って子どもに接し、「遊んであげる」時、子どもは親や大人とのコミュニケーションを楽しむ、そこから遊びが発生し発展する。そして、遊んでもらったことの経験が今度は子どもがより幼い子どもの遊び相手になる。「遊んであげる―遊んでもらう」の関係が相互に発展していくのだという。

　ごっこ遊びもエリコニンは役割を取ることに意味を置き、ヴィゴツキーは虚構場面を想像することを「ごっこ遊び」と言い、河崎（1994、Ⅰ部2章参照）はヴィゴツキーらは虚構場面の想像により象徴性を育てるという所を強調している点を取り上げて主知主義として批判し、ごっこ遊びの面白さは、「違う自分になること」にあるのではないかと言う。しかし、麻生は、大人が相手をしてやって初めてごっこ遊びも可能になるという点を強調している。

　筆者は、麻生＊の言う哺乳類の親（大人）が子どもを可愛いと思い遊んであげようとするところに遊び心の発生の本質があるという見方については、面白い見方であり、今後考えてみたいと学ばされたが、その視点を一方におきつつ、これは遊び心の一側面ではないかと考える。（＊第6章参照）

　ケーラー（1933）の『類人猿の知恵試験』を紐解くと、チンパンジーは始めエサがとりにくいところにあると、いろいろと試行錯誤を繰り返し「回り道」を考え、やがて道具を使い始める。もし空腹がそれほどでもないときはその道具で遊び始めるという、大人が遊んでくれなくても自ら遊ぶ様が見られる。

　また人間の場合、最も幼い乳児（0歳児）の場合は、エリコニンのいう「直接的情動的交通」という活動が主導的であるときには，大人からあやされて応えるという事が一種の遊びになる。大人の慈しみからの応答が基になって、引っ張ると音の出るおもちゃを一人で楽しんでじっと眺めてヒューヒューと声を出し呼応したりという一人遊びもする。1歳近くなると「いない・いない―ばぁ」遊びのように、認知の力も「在る―無い」がわかるところまで育ってくるが、認知自体というよりは認知を媒介にしたコミュニケーションを楽しむ遊びが好きになる。

　しかし、幼児前期（1、2歳～3歳半）になると、「対象的操作活動」が主導

的になり、自分に用は無くても櫛を見れば梳かす真似をし、コップを見れば飲む真似をする。さらに進むと本物の用途でまねをするのではなく、似ているところがある違うものをそのものに見立てて楽しむ。丸い輪を見ればハンドルに見立て車を運転しているつもりになる。この時も確かに大人が見ていての反応が遊びの継続につながるが、コミュニケーションが直接になくても対象物の見立てや・行為のつもりを楽しむ「みたて・つもり」遊びが始まる。そしていよいよ幼児後期（3歳半、4、5歳）になるとごっこ遊びが主導的になるが、大人がいなくても子ども同士でも遊び始める。もちろんガキ大将的に大人がかかわるとより発展する。

　つまり麻生の言う幼い者を大人がリードしていくからこそ遊びが始まり、それが、大人の遊び心の始まりだという事は、ごく幼い乳児がこの人間世界に適応していく時、現実の生活の必要だけでなく余裕を持って子どもとかかわる大人の遊び心が子どもの遊びをリードすると言えると思われるが、そして、誕生当初の人生の始まりにおいては麻生の考え方がエリコニンの「直接的情動的（大人との）交通」に当たるのではないかと推量できる。しかし、年月齢によっては、大人がいなくても遊び心が育っていく場合もある。

　また、大人と子どものどちらが遊びを引き出すのかの関係はまさに鶏と卵の関係のように、相互にかかわっていくものと思われる。さらに大人の主導的活動である労働と子どものそれである遊びについて、その発生を比較すると、系統発生では、労働が先で遊びは後になる（秋葉、1999）つまり大人が先で子どもは引き出されて大人の労働にあこがれて真似を遊びの形で行うようになる。しかし、個体発生においては遊びが先であとからが労働になる。

　またごっこ遊びの発生には、2つの不可欠な条件があると筆者は考える。①1つは、子どもに大人の活動が見えている。②もう1つは子どもが能力的にできないか、何とかできても危険などでやらせてもらえないかという事が同時に満たされたときである。

　現在であれば自動車ごっこは、①見られるが、②できないし、やらせてもらえないので成立する。農業ごっこが見られないのは、現代では条件①は見られ

なくなったので満たされないため、成立しないし、昔は条件①は見えていたので満たされていたが、子どもも「戦力」として使われていたたので、条件②が満たされないため、二つの条件がそろわず、現代も農業時代にも遊びとして成立しにくくなっている（金田、1991）

　いずれにせよいとおしいと思って子どもを見るかどうかに関わらず、ごっこ遊びは、大人の行動へのあこがれから、やってみようとする。日常的には、違う自分になってみたいという心性を揺り動かし、振りをする形で動くのが遊びになる。

　河崎は、子どもは、明日の食事の材料の調達からは自由であるが、人類の維持発展のための文化遺産の習得を強制されている、この間の矛盾の止揚こそが遊びではないかという。だとすると、子どもは自発的に遊ぶ（麻生からすればそれは抽象的であり、具体的にリードしているのは大人であり、大人が子どもと「遊んであげる」ところから遊び心は来るのであり、その遊び心によって子どもの遊びは発展するという事になるのだと思われる）。

　上で挙げた考え方とその例のように、子どもは大人からの「遊んであげる」がなくても遊ぶと言えるし、大人も余裕があれば、子どもを慈しむところからでなくても遊び心は生まれるであろう。しかし、大人のすることをやってみたいと今自分にはなり得ない大人の世界を想像の世界でふるまってみたいというごっこ遊びも確かに大人がいてこそであり、子どもも遊びに及ぼす大人の生活が前提にあること、大人と子どもの相互関連こそが大事という点については欠かせないものがある。

　そして、大人の遊び心の原点が、幼い者の魅力が大人に影響し、慈しみたくなるところからという事についてはなるほどと思わされる。いずれにせよ大人にとっても明日の食糧の調達からの自由、つまり、経済的活動からの余裕がなければ子どもを可愛いと思っている間もない事態になる。

3．総括

　以上を総括すると次のような事が言える。

1）世代を超えた大人の遊び心の回復から子育ち・子育て環境を作る取り組みへの意義

　大人にも内包されている遊び心を引き出し、地域を遊び心で満たしていく取り組みについては、現代社会の「不寛容さ」という閉塞感を打破する上で、「遊び」だけでなく、大人の「遊び心」の回復に視点を置いた取り組みは重要である、という点においては、本書の成果として認められた。

2）しかし、「誘われ－誘う」「遊んであげる―遊んでもらう」など遊び心の育成において、大人と子どもの相互関係に焦点を

　この点への意識的な探求に目をもっと向ける必要があるのではないか。具体的には、「子どもの遊び心に大人はどのように誘われるのか」「大人は遊び心のある遊びへと子どもをどう誘うのか」（富田）

　また、地域社会を結合していくのが子どもだという視点も大人と子どもの相互関係の発展の視点から欠かせない（麻生）。地域の大人と大人のつながりを結び付けているのが子どもだという事からも相互作用の研究が一層求められるのではないかという点である。

3）ここから、遊び心とは何かの議論を発展させていこう

　遊びの研究は多いが、遊び心とは何かという研究は比較的少ない。

　ここでの視点「面白さを求める、損得抜きの果敢な挑戦」という子ども心は、大人にまで通ずる遊び心ではないか、そのプロセスで心の揺れ動きがある。「逸脱を楽しむことも、遊び心になる」。これに対し、子どもが自然に遊ぶことはなく、遊んであげる大人がいる。遊び心とは「哺乳動物が子どもを可愛いと思い、慈しむ中で生まれる大人の心情」という興味深い提起が麻生氏から出された。麻生氏はすでにこの視点を以前から提供されている。しかし、遊びを論ずる世界において、定説になっているとは思われない。

　この著書から、私どもだけでなく多くの関係者とここから議論を始めたい。遊び心の本質をどうとらえるか、このとらえ方によって、大人の遊び心を回復しようという地域づくりの方向も変わってくるかもしれないのであるから。

4）必要なのは余裕ではないか。

　私ども自身が提起してきたことも、2人のコメンテーターからの問題提起も、大人にゆとりが必要になると考えられる。子どもに不寛容な大人が増えているのは、市場経済における競争原理の中で大人も仕事と生活に疲れてきていることからきているように思われる。

　大人が子どもを可愛いと思って慈しむところから遊び心が出てくるとすれば、大人の生活の余裕をなくさせているこの社会状況は一層遊び心を大人に育てにくくなっていく。子どももあわただしい社会の中でいっそう子ども心を持ちにくくなる。

　ここで大人の遊び心の回復としたのは、本来は持っているのに今表し切れていないのではないかと捉えたからである。それは第10章の保育者・保護者への遊び場への願い（自由記述）の分析においても、多くの大人たちは、子どもが遊べる空間の保障を訴えており、逸脱行為とも思われる玄関の履物で家族の顔を描き始める子どもへの態度においても、もっと余裕があれば、子どもの行為をほほえましく見ることができたのではないか、遊び心を内包しているのではないかと捉えられたからである。

　ここでの著者たちは、明確な言葉でそれを出してはいないが、増山が子どもの権利条約31条について、いかに自由な時間が大切かを述べていることにつながる。子どもは仲間が面白そうに遊んでいると寄ってくる。地域で大人が面白そうに遊べば大人も子どもも寄ってくる。自由な時間が必要になる。

　大人と子どもの遊びの発展を願う人たちは、そのことを今日の社会・経済や人づくりの価値とかかわらせて取り組んで行くことが不可欠ではないかということも本書を通して改めて実感できる。

　最後に、この研究にご協力いただいた地域の方をはじめ、すべての方に、ま

たコメントをお寄せいただいたお2人の先生方に心より感謝申し上げます。

　本書はまた、白梅学園大学・短期大学の出版助成を頂いていることを申し添え、感謝の意を表します。ここからの討論と共同の発展を切に願いつつ。

文献

秋葉英則（1999）子どもの発達と活動意欲、青木書店

赤木和重（2019）遊びと遊び心の剥奪：障害と貧困の重なるところで　遊び・育ち・経験：子どもの世界を守る、明石書店、pp.97-124

金田利子（1991）ごっこ遊びと農業労働的遊び—子どもの発達環境として『C & D』、pp.25-19

河崎道夫（1983）遊び自然史　同編著　子どものあそびと発達、ひとなる書房、pp.14-36

河崎道夫（1994）揺れ動くことと境界づくり、揺れ動くことと自分づくり　第Ⅲ章、遊ぶという事と発達—根源的意味を問い直す　同著、あそびのひみつ、ひとなる書房、pp.197-240

川田　学（2019）子どもの世界の中心としての「遊び」、遊び・育ち・経験：子どもの世界を守る、明石書店、pp.15-44

ケーラー、宮孝一訳（1962）類人猿の知恵試験—、岩波書店

増山均（2004）余暇・遊び・子どもの文化の権利と子どもの自由世界—子どもの権利条約31条論、青踏社

執筆者

麻生武　1945年　奈良女子大学名誉教授 博士（文学）

1972年京都大学理学部卒業（主として数学を修める）1974年京都大学教育学部卒業（心理学専攻）1982年大阪市立大学大学院文学研究科後期博士課程単位取得満期退学。奈良女子大学文学部付属幼稚園長（2000.4-2003.3）、日本発達心理学会理事長（2003.1-2005.3）、「質的心理学研究」編集委員長（2007.4-2010..3）

『＜私＞の誕生　生後二年目の奇跡 Ⅰ＆Ⅱ』（東京大学出版会）、『発達と教育の心理学』（培風館）、『「見る」と「書く」との出会い』（新曜社）など。

金田利子　1938年　フェリシアこども短期大学（非）　静岡大学名誉教授・名古屋芸術大学名誉教授。お茶の水女子大学大学院家政学研究科児童学専攻修了。県立新潟女子短期大学、日本福祉大学、静岡大学大学院、白梅学園大学大学院、名古屋芸術大学大学院教授等。

単著『生活主体発達論 生涯発達のパラドックス』三学出版 2004

共著『世代間交流学の創造』あけび書房2010

共著『保育と家庭科』ななみ書房2014　他多数

小松歩　1963年　白梅学園短期大学

1987年東北大学教育学部卒業、1994年東北大学大学院教育学研究科単位取得退学、1994年白梅学園短期大学保育科に勤務、現在に至る。立川市委嘱「夢育て・たちかわ　子ども21プラン　推進委員会委員長」（2005年4月～2015年7月）、立川市委嘱「第1期夢育て・たちかわ子ども21プラン推進会議　会長」（2015年9月～2017年9月）

『発達の理解と保育の課題』保育・教育ネオシリーズ5（第二版）（共著：同文書院 2010）、「白梅子育て広場10年の成果と課題」、白梅学園大学 短期大学教育・福祉研究センター研究年報 No.21、p.62-82、2016、「遊び観・遊び心と保育・子育て―東京都下における保護者及び保育者への調査研究から」、白梅学園大学 短期大学教育・福祉研究センター研究年報 No.24、p3～11、2019

瀧口優　1951年　白梅学園短期大学

1974年東京教育大学卒、埼玉県立桶川高校着任、以後3校を歴任し、1999年白梅学園短期大学教養科に勤務。2003年より保育科に異動し現在に至る。2017年より小平市生活支援体制整備事業協議会長

『小平学・まちづくり研究のフロンティア』「白梅学園大学・短期大学の地域活動―小平西地区地域ネットワークを中心に」（共著：論創社2018）

『ことばと教育の創造』（共著：三学出版2017）

『小学校の英語教育－ベトナムと日本の経験比較－』（共著：三友社出版2012）

富田昌平 1974年 三重大学教育学部教授

広島大学大学院教育学研究科単位取得満期退学。山口芸術短期大学、中国学園大学を経て現職。

『幼児期における空想世界に対する認識の発達』風間書房、『子どもとつくる2歳児保育』ひとなる書房、『子どもの心的世界のゆらぎと発達』ミネルヴァ書房（分担執筆）

山路千華 白鷗大学

国立音楽大学音楽教育学科幼児教育専攻卒、桐光学園寺尾みどり幼稚園、在外教育施設であるハンブルグ日本人学校（在ドイツ）幼稚部など国内外で幼稚園教諭の経験を重ねた後、上越教育大学大学院にて学び、2008年より白梅学園大学・白梅学園短期大学の実習指導センターに勤務。新渡戸文化短期大学勤務を経て現職。

「海外子女教育における保育研究についての一考察－ハンブルグ日本人学校幼稚部での実践から－」（新渡戸文化短期大学こども教育研究所紀要第6・7号2012）

『新版 エピソードから楽しく学ぼう 保育内容総論』（共著：創成社2019）第9章「保育内容におけるカリキュラムの展開について学ぼう」を担当

『これからの保育内容』（共著：一藝社2021）第4章「環境（1）」を担当

遊び心でコミュニティーの再生を
～世代を超えて子どもの発想に学ぶ地域づくり～

2021年11月12日　初版1刷発行

編著者　小松　歩

発行者　伊集院　郁夫

発行所　㈱新読書社

〒113-0033　東京都文京区本郷5-30-20

TEL 03-3814-6791　FAX 03-3814-3094

URL：http://shindokusho.jp

組版　リュウズ　　印刷／製本　日本ハイコム

本書に対するご意見、ご感想を上記のQRコードをご利用の上、弊社までお寄せ下さい。

ISBN978-4-7880-2170-9

松本園子著
昭和戦中期の保育問題研究会〜保育者と研究者の共同研究の軌跡
2004年度日本保育学会文献賞受賞　　　　　　　　　A5判上製　760頁　10120円
2005年度日本幼児教育学会「庄司雅子」賞受賞

清原みさ子著
手技の歴史
〜フレーベルの「恩物」と「作業」の受容とその後の理論的、実践的展開
2015年度日本保育学会文献賞受賞　　　　　　　　A5判上製　486頁　7700円

清原みさ子編著　豊田和子　寺部直子　榊原菜々枝
戦争と保育　〜戦中・戦後の幼稚園・保育所の実際〜
A5判並製　379頁　3300円

清原みさ子　豊田和子　寺部直子　榊原菜々枝
戦後保育はいかに構築されたか
〜福岡県における昭和20年代の保育所・幼稚園〜　A5判並製　292頁　3300円

宍戸健夫著
日本における保育園の誕生　〜子どもたちと貧困に挑んだ人びと
2016年度日本保育学会文献賞受賞　　　　　　　　A5判並製　378頁　3520円

宍戸健夫著
日本における保育カリキュラム〜歴史と課題〜
A5判並製　302頁　2970円

久保田浩著　幼年教育研究所　編集協力
新版　根を育てる思想　〜子どもが人間として生きてゆくために〜
A5判並製　280頁　1980円

荒井洌著
1948年・文部省『保育要領—幼児教育の手びき—』を読む
A5判並製　114頁　1760円